충효 속에
핀 꽃,

안동 간재 변중일 종가

기획 경상북도 · 경북대학교 영남문화연구원 | **지은이** 이구의

경북의 종가문화 연구진

연구책임자	정우락(경북대 국어국문학과)
공동연구원	황위주(경북대 한문학과) 조재모(경북대 건축학부)
종가선정위원장	황위주(경북대 한문학과)
종가선정위원	이수환(영남대 역사학과) 홍원식(계명대 철학윤리학과) 정명섭(경북대 건축학부) 배영동(안동대 민속학과) 이세동(경북대 중어중문학과)
종가연구팀	김위경(영남문화연구원 연구원) 이재현(영남문화연구원 연구원) 최은주(영남문화연구원 연구원) 황명환(영남문화연구원 연구보조원) 전설련(영남문화연구원 연구보조원)

축 · 간 · 사

경상북도에서 『**경북의 종가문화**』 **시리즈** 발간사업을 시작한 지 벌써 11년째가 되었습니다. 본 사업은 더 늦기 전에 지역의 종가문화를 기록으로 남겨 후세에 전해야 한다는 절박함에서 비롯되었고, 그간 많은 분들의 노고에 힘입어 어느새 61권의 책자가 발간되는 데 이르렀습니다. 이러한 결실은 우리 지역의 문화자산으로 자리 잡아 가고 있어, 300만 도민의 한 사람으로서 무척 보람되게 생각합니다.

경북은 예로부터 수많은 명현거유名賢巨儒가 배출되었고, 그분들이 이룩한 전통문화가 집적되어 온 중심입니다. 특히 이러한 전통문화의 중심에는 바로 경북의 종가宗家가 있습니다. 종가는 수백 년에 걸쳐 지역 사회의 구심점이자 전통문화의 상징으로 자리 잡아 그 역할을 묵묵히 수행해 왔습니다. 우리 도는 많은 수의 종가가 고유의 문화를 오늘날까지 온전히 지켜 오고 있기에, 우리나라 종가문화의 보고寶庫라고 해도 과언이 아닙니다.

하지만 최근 급변하는 사회와 종손·종부의 고령화 등으로 인해 종가문화는 점차 훼손·소멸되고 있는 실정입니다. 이에 경상북도에서는 종가문화를 보존·활용하는 한편, 발전적으로 계승하기 위해 2009년부터 '**종가문화 명품화 사업**'을 추진해 오고 있습니다. 체계적인 학술조사 및 연구를 통해 관련 인프라를 구축하고, 명품 브랜드화하는 등 향후 발전 가능성을 모색하기 위해 다방면으로 노력하고 있습니다.

경북대학교 영남문화연구원을 통해 2010년부터 추진하고 있는 『경북의 종가문화』 시리즈 발간도 이러한 사업의 일환입니다. 도내 종가를 대상으로 현재까지 『경북의 종가문화』 시리즈 61권을 발간하게 되었으며, 결과물은 관계 문중은 물론 일반인들로부터도 큰 호응을 얻고 있습니다. 이들 시리즈는 종가의 입지 조건과 형성 과정, 역사, 종가의 의례 및 생활문화, 건축문화, 종손과 종부의 일상과 가풍의 전승 등을 토대로 하여 일반인들이 쉽고 재미있게 읽을 수 있는 교양서 형태의 책자 및 영상물(DVD)로 제작되었습니다. 철저한 현장조사를 바탕으로 하여 관련 분야 전문가들이 집필함으로써 내용을 알차게 꾸미는 한편, 개별 종가의 특징을 부각시키고자 노력하였습니다.

이러한 노력으로, 금년에는 『**성주 문절공 김용초 종가**』, 『**예천 별동 윤상 종가**』, 『**안동 임연재 배삼익 종가**』, 『**칠곡 석담 이윤우 종가**』, 『**안동 간재 변중일 종가**』, 『**의성 천사 김종덕 종가**』 등 6곳의 종가를 대상으로 시리즈 6권을 발간하게 되었습니다. 이 시리즈의 발간은 앞으로도 계속되어 도내 100개 종가를 목표로 연차적으로 추진해 나갈 계획입니다. 이러한 시도는 종가 관련 자료의 축적을 통해 종가문화

보존 및 활용을 위한 기초자료를 제공함은 물론, 일반인들에게 우리 전통문화의 소중함과 우수성을 알리는 데 크게 도움이 될 것입니다.

최근 유교적 가치와 전통문화에 대한 재조명이 활발히 이루어지고 있습니다. 그 바탕에는 오늘날까지 전통문화를 올곧이 지켜 온 종문의 숨은 저력이 있었음을 기억하며, 우리 도에 내재한 전통문화를 계승해 나가야 할 것입니다. 이를 통해 경북의 정체성 확립은 물론, 미래 지향적인 새로운 정신을 찾아 세계적 정신문화로의 발전으로까지 이어질 수 있을 것이라 확신합니다.

앞으로 경상북도에서는 현재 잊혀 가는 종가문화에 대한 국가 차원의 컨트롤 타워 건립 유치를 위해 힘쓸 것입니다. 아울러 종가문화에 대한 지속적인 조사·연구 추진과 더불어, 종가의 보존관리 및 활용 방안을 모색하는 데 적극 노력해 나갈 것을 약속드립니다. 이를 통해 전통문화를 소중히 지켜 오신 종손·종부님들의 자긍심을 고취시키고, 나아가 전국의 종가를 연계하는 종가문화 네트워크 구축과 더불어 종가문화를 세계적인 명품브랜드로 육성해 나갈 계획입니다.

끝으로 이 사업을 위해 애쓰신 이영호 경북대학교 영남문화연구원장님과 연구 책임자이신 정우락 교수님을 비롯한 여러 연구원분들, 그리고 집필자분들의 노고에 진심으로 감사드립니다. 아울러 각별한 관심을 갖고 적극적으로 협조해 주신 종손·종부님께도 감사의 말씀을 드립니다.

2020년 3월

경상북도지사 이 철 우

지·은·이·의 말

지금 우리 사회는 여러 문화가 서로 겹치고 있다. 얼마 전까지만 하여도 시골에서 할아버지 할머니를 모시고 한집에 옹기종기 모여 살던 대가족이 지금은 도시로 뿔뿔이 흩어져 핵가족이 되었다. 멀게만 느꼈던 해외여행도 마음만 먹으면 언제든지 할 수 있다. 사회는 점점 발전하고 편리해지는 반면 인정은 점점 각박해지고 있다. 물질문명의 범람 속에 소담스럽던 인간미는 점점 스러져 가고 있다.

아날로그 시대를 살았던 사람들은 디지털 시대의 삶에 적응하지 못하고 있다. 여기에서 세대 차이가 발생한다. 부모와 자식들 사이에 대화가 줄어들어 의사소통이 되지 않는다. 여기서 사회 구성원들의 부조화가 싹튼다. 이는 모두 의리정신이 사라진 탓이라 할 수 있다.

안동에 자리 잡은 간재종가는 대대로 충효정신을 이어 오고 있다. 원주변씨의 시조인 대은大隱 변안렬邊安烈은 중국에서 태어났지만 고려 말에 우리나라로 건너와 쓰러져 가는 고려왕실을 부지扶持하려 노력하였다. 그의 충성심은 우리가 흔히 말하는 삼은三隱의 그것과 일치

한다. 목은 이색, 포은 정몽주, 야은 길재가 그에 대하여 제문을 짓고 묘갈명이나 행장 등을 서술하기도 하였다. 그 뒤 이 집안에서는 훌륭한 분들이 대를 이어 가문의 명성을 드높였다. 그 가운데 간재簡齋 변중일邊中一과 그의 할아버지인 동호東湖 변영청邊永清이 더욱 빛을 발하였다.

이 책은 우리나라에서 가장 혼란하였던 시기인 16세기를 살았던 간재 변중일 종가의 드러낼 만한 사실들을 소개한다. 이 책을 집필할 수 있는 기회를 준 여러 분께 고마운 마음을 전한다. 그리고 원고를 꼼꼼하게 봐 주신 종손 변성렬 님과 종부 주영숙 님, 그리고 종인 변상호 님께도 감사드린다. 이 책을 통하여 사그라져 가는 우리 전통의 미풍양속美風良俗을 이해하는 데 도움이 되었으면 한다. 이에 더 나아가 이 집안 구성원들의 유풍여훈流風餘訓을 스스로의 삶의 본보기로 삼았으면 한다.

이 책의 성격상 주석註釋을 달아 그 출전을 상세히 밝히지 못하였다. 이 점을 강호제현江湖諸賢은 널리 양해해 주기 바란다.

2020년 3월

이구의

안동 간재 변중일 종가

목 차

축간사 _003

지은이의 말 _006

1 안동 금계마을과 원주변씨 _011

2 간재종가를 이룬 사람들 _019

1 간재 변중일의 선조 _020

2 간재簡齋 변중일邊中一 _050

3 간재종가의 후손들 _076

3 간재종가의 건축물 _079

1 동호정東湖亭 _080

2 간재종택 _096

3 간재簡齋 _111

4 정충효각 _117

4 간재종가의 문헌 _123

1 소장 문헌 _124

2 소장 책판류冊板類 _128

5 간재종가의 전통, 불천위 제례 _133

1 불천위 제례 _134

2 제례의 절차 _141

6 간재종가의 바람 _167

1 열친회와 동기간의 우애 _168

2 종손의 삶과 바람 _173

3 종부의 삶과 바람 _179

부록 간재종가 소장 문헌 _184

참고문헌 _190

제1장

안동 금계마을과 원주변씨

경상북도 안동시 서후면 금계마을은 그 지세地勢가 거문고처럼 생겼다고 하여 금지琴地로 불렸다. 이후 학봉鶴峯 김성일金誠一이 이곳으로 옮겨 와 검제로 고치고 한자로는 '금계金溪'라고 하였다. 언제인지 정확히 알 수 없으나, 약 500년 전에 지리에 능통한 선비가 이곳을 지나다가 지세를 보고 천년 동안 망하지 않을 땅[千年不敗之地]이라고 하였다는 이야기가 전해 오고 있다.

『영가지永嘉誌』에 따르면, "금계金溪는 금지金池라고도 하는데, 옛날 이름은 금제琴堤라고 하였다. 방언으로는 금琴을 검다는 뜻의 '검黔' 자로 표기했기 때문에 검제라고 하였다."라는 기록이 있다. 현재로서는 마을이 언제부터 형성되었는지 알 수 없다. 그러나 『영가지』에, "속명은 금음지 또는 금계라 한다. 부의 서쪽 20리에 있다. 옛날에 칭하기를 천년 동안 패하지 않을 땅이라고 했다. 사복정 배상지裵尙志가 여기에 살았는데 백죽당栢竹堂이 있다. 용재慵齋 이종준李宗準, 판서 권예權輗도 이 마을에서 태어났다. 김성일金誠一이 임하에서 이곳으로 옮겨 와 살았다. 여염집이 가득하고 한 줄기 냇물이 마을 중간을 가로질렀는데, 칠십이 넘은 늙은이가 집집마다 살고 있어 사람들이 이 마을을 노인촌老人村이라 한다."라고 한 것을 보면 오래전부터 이곳에 사람이 살았음을 짐작할 수 있다.

금계리는 금계1리의 알실·음지·복당·사망·검제, 금계2리의 미리미·작장골·마누이·텃골·경광 등의 자연마을로 이루어져 있다. 이 마을 북쪽으로 천등산·조골산·학가산이 솟아 있고, 앞으로

금계마을과 간재종택

는 주산主山인 상산과 주봉산이 있으며, 그 아래로 넓은 언덕이 펼쳐져 있다. 상산과 주봉산 골짜기에서 모인 물이 개울을 이루어 마을 한가운데를 가로지르면서 남쪽의 송야천으로 흘러든다.

이 마을은 원주변씨原州邊氏뿐만 아니라 의성김씨義城金氏·안동장씨安東張氏 집성촌으로, 해마다 1월과 7월에 마을 사람들이 의성김씨 종가에 모여 소복산에 있는 소복당召福堂의 유사를 정한다. 또 정월 보름과 7월 백중날에 고사를 지내는 전통도 남아 있다. 현재 금계리에는 우리가 앞으로 살펴볼 원주변씨 간재종택簡齋宗宅을 비롯하여 의성김씨 학봉종택鶴峯宗宅, 안동장씨 경당종택敬堂宗宅 등의 고택이 있으며, 동호정東湖亭·간재정簡齋亭·광풍정光風亭·소계서당 등 많은 유교 경관이 어우러져 있다.

간재종가를 본격적으로 소개하기에 앞서, 원주변씨에 대해 조금 살펴볼 필요가 있겠다. 원주변씨는 황주변씨黃州邊氏에서 분적한 성씨이다. 황주변씨는 송宋나라가 망하자 고려 황주로 귀화한 중국 농서 사람 변요邊幺의 아들 변여邊呂를 시조로 한다. 변여의 6세손 변안렬邊安烈이 원주원씨原州元氏의 딸과 혼인하여 원주에 정착하였다. 이에 후손들은 변안렬을 시조로 하고 원주를 본관으로 삼았다.

원주변씨 시조인 변안렬은 중국 심양瀋陽 출생이다. 원나라 말기에 병란兵亂을 피해 공민왕과 왕비 노국공주魯國公主를 배종하여 고려에 들어왔다. 1351년 진사시에 장원하고, 공민왕 10년이 되는 1361년에 홍건적을 격퇴하여 이등공신二等功臣으로 판소부감사判小府監事에 올랐다. 그 이듬해에는 경도京都(개성開城)를 수복하는 데 공을 세워 추성보조일등공신推誠輔祚一等功臣에 책록되어 판밀직사사判密直司事가 되었다. 1376년(우왕 2)에 왜구를 소탕하여 원천부원군原川府院君으로 판삼사사判三司事가 되었고, 1388년(우왕 14)에는 영삼사사領三司事가 되었다. 1389년(공양왕 1)에 김저金佇가 우왕禑王의 부탁을 받고 이성계를 죽이려다 옥에 갇히는 사건이 일어났다. 당시 영삼사사였던 변안렬은 이 사건에 연루되어 관직을 삭탈당하고 한양으로 유배되어 1390년에 사형을 당하였다. 이듬해에 훈적에서 삭제되었으나, 조선 건국 이후 관작이

복관되었다.

변안렬의 첫째 아들 변현邊顯(1356-?)은 1382년(우왕 8) 문과에 급제하고, 벼슬이 통훈대부 관봉상시사에 이르렀다. 아들은 변극충邊克忠과 변극민邊克愍이다. 변안렬의 둘째 아들 변이邊頤(1360-1439)는 젊어서부터 풍채가 우뚝하고 기절이 높았으나 부모상을 당하여 자취를 거두고는 세상에 나아갈 뜻이 없었다. 태조太祖가 등극하여 여러 번 벼슬을 내렸으나 사양하였다. 1411년(태종 11)에 상호군上護軍에 임명되고 원종공신元從功臣에 일등으로 책록되었다. 남원부사南原府使, 원주목사原州牧使 등을 역임할 때 청렴하고 검소함을 다하였다. 이후 하정부사賀正副使로 차출되어 명나라에 갔으나 진하사進賀使인 권희달權希達의 죄상을 보고하지 않았다는 이유로 직첩을 회수당하였다. 그러나 이듬해에 직첩을 되돌려 받아 좌군총제左軍摠制로 전보되었다. 1439년 12월 13일 세상을 떠났다. 그는 슬하에 7남 3녀를 두었는데, 아들은 변차희邊次熹, 변상조邊尙朝, 변상근邊尙覲, 변상회邊尙會, 변상동邊尙同, 변상빙邊尙聘, 변상복邊尙服이고, 딸은 공신 정유길, 개성유수 이점, 좌찬성 이승손에게 출가하였다. 변안렬의 셋째 아들 변예邊預(1363-1417)는 고려 우왕 때 무과에 급제하여 수사 절도사 상호군 판훈련원사를 지냈다.

『원주변씨세보原州邊氏世譜』에 따르면, 원주변씨는 별좌공파別坐公派·참의공파參議公派·첨추공파僉樞公派·남부령공파南部令公派·호군공파護軍公派·참판공파參判公派·감찰공파監察公派·군수공파

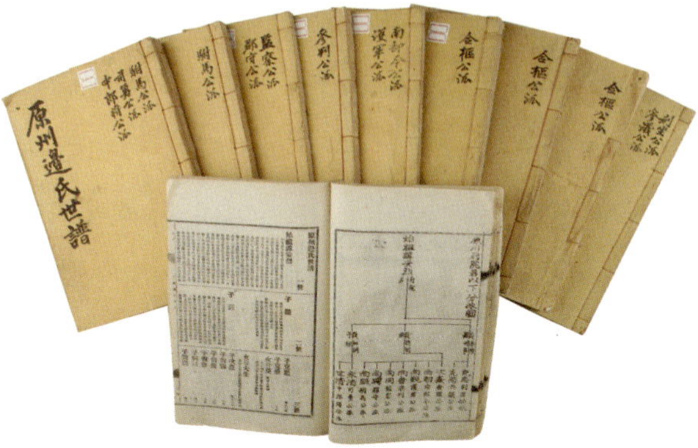

『원주변씨세보』(한국국학진흥원 제공)

郡守公派·부마공파駙馬公派·사용공파司勇公派·중랑장공파中郞將公派로 나뉜다.

별좌공파는 극충克忠이 그 파조派祖이고, 참의공파는 극민克愍이 파조派祖이고, 첨추공파는 차희次熹가 파조이다. 남부령공파의 파조는 상조尙朝인데, 그는 조선조 세조 때 남부령을 지냈다. 호군공파의 파조는 상근尙覲으로, 조선조 세종 때 선절장군 군기판관을 지냈다. 참판공파는 상회尙會가 파조이다. 그는 호가 무송당撫松堂이며 호조·예조참판을 지냈다. 사후에 예조판서禮曹判書 겸 예문관제학지경연춘추관사藝文館提學知經筵春秋館事 평원군平原君으로 추증되었다. 감찰공파의 파조는 상동尙同인데, 그는 조선조 사헌부감찰을 역임하였다. 군수공파는 상빙尙聘이 파조이다. 그는 세종 때 행대감찰로 홍원숙과 함께 옳고 그른 일을 살피는 일로 경기 좌우도부사직이 되고 원종공신 삼등에 녹훈되었으며 통정대부 간성군수를 역임하였다. 부마공파는 상복尙服이 파조이다. 그는 호가 송헌松軒이고, 부인은 정종의 딸 덕천옹주이며, 원천위原川尉에 봉해졌다. 1452년(단종 1) 첨지중추원사僉知中樞院事를 역임하였고, 통정대부通政大夫로 책록되었다. 1455년(세조 1) 강릉부사江陵府使로 재임하던 중 사망했다. 사용공파는 영청永清이, 중랑장공파는 세청世清이 파조이다.

이 가운데 변차희邊次熹(1392-1462)를 파조로 하는 첨추공파가 간재 변중일의 선대가 된다. 원주변씨의 주요 집성촌은 강원도 홍천군 서석면 수하리, 경상북도 봉화군 봉화읍 거촌리, 경상북도 예천군 용문면 금당실, 경상북도 안동시 서후면 금계리, 황해도 연백군 온정면 모계리, 제주특별자치도 제주시 등이다.

그렇다면 원주변씨는 언제 금계마을로 들어오게 되었을까? 그것은 원주변씨 시조 변안렬邊安烈의 6세인 변광邊廣이 안동 금계촌(지금의 안동시 서후면 금계리)에 살던 판서 권철경權哲經의 사위가 되면서부터이다. 변광은 처가 마을인 금계리에 정착하면서 세거世居의 기틀을 마련하였고, 이를 계기로 이곳에 원주변씨 집성촌을 이루게 되었다. 그 뒤 후손들은 변광의 장남 변영청邊永清의 호를 따서 동호공파東湖公派를 형성하였다. 변영청의 동생 변영순邊永淳은 봉화 거촌으로 이주하여, 이후 자손들이 그곳에서 집성촌을 이루며 세거하게 된다. 현재 수온당종택 등이 남아 있다.

변영청의 손자인 간재簡齋 변중일邊中一(1575-1660)은 형 변희일邊喜一과 함께 왜적을 물리치는 데 많은 공을 세웠으며, 효행으로

도 널리 알려져 가문의 위상을 높였다. 변희일 역시 임진왜란 때 가산을 털어 군량미를 마련하여 상주 진영으로 보내는 등 의병장으로 많은 공을 세웠다. 현재 서후면 금계리 일원에는 변영청의 후손 30여 호가 살고 있다.

제2장

간재종가를 이룬 사람들

간재종가를 이룬
사람들

1 간재 변중일의 선조

1) 시조 변안렬

간재 변중일의 충정은, 멀리는 원주변씨의 시조인 대은大隱 변안렬邊安烈에서부터 비롯한다. 앞서 잠깐 소개한 바 있듯이, 변안렬은 홍건적과 왜구를 물리치는 데 많은 공을 세워 영삼사사領三司事라는 높은 관직에 올랐으나 우왕 복위 사건에 연루되어 김저金佇와 함께 죽은 인물이다.

변안렬의 충정은 널리 알려진 포은 정몽주의 충정과 비견할 만한데, 다음 기록을 보면 그 정황을 알 수 있다.

당시 고려高麗의 운수가 장차 뒤바뀔 때였다. 이방원李芳遠이 재상들을 초대하여 술잔을 들고 술을 마시면서 노래를 지어 여러 재상들의 뜻을 시험하였다. 그것은 "이런들 어떠하리 저런들 어떠하리, 성황당城隍堂 뒷담이 무너진들 어떠하리, 만수산 드렁 칡이 얽혀진들 어떠하리, 우리도 이와 같이 얽혀 죽지 않으면 어떠하리."라는 노래였다. 정포은 선생이 노래를 지어 "이 몸이 죽고 죽어 일백 번 고쳐 죽어, 백골이 진토 되어 넋이라도 있고 없고, 임 향한 일편단심이야 가실 줄 있으랴."라고 불렀다. 대은大隱 선생이 이어서 이 노래를 불렀다. …

이 두 선생의 뜻은 참으로 해와 달과 그 빛을 다툴 만하다. 포은의 노래는 간절하고 측은함이 지극한데, 선생의 노래는 직절直截하고 강직하며 확고하여 굽히지 않으며 늠름하여 함부로 범할 수 없다. 세상에 전하기를 두 분 선생의 화가 바로 이 노래를 부른 날부터 싹트기 시작하였다 한다.

제시한 기록은 많은 사람들이 알고 있는 내용이다. 조선의 제3대 왕인 태종 이방원이 아직 왕위에 오르기 전에 「하여가何如歌」를 지어 당시 고려 중신들의 의도를 시험하자 포은 정몽주가 「단심가丹心歌」를 지어 자신의 굽히지 않는 뜻을 드러내었다는 이야기이다. 이에 변안렬도 위무威武에 굴하지 않겠다는 「불굴가不屈歌」를 지어 그 충정을 드러냈는데, 그 내용을 보면 다음과 같다.

내 가슴 구멍 뚫고,	穴吾之胸洞如斗
새끼줄로 길게 꿰어,	貫以藁索長又長
앞뒤로 끌고 당겨 갈리고 찢길망정,	前牽後引磨且戞
너희들 하는 대로 내 사양치 않으리.	任汝之爲吾不辭
내 임금 빼앗는 이 일만은,	有欲奪吾主此事
나는 못 굽히네.	吾不屈

이처럼 변안렬의 기개氣槪는 『맹자』 「등문공滕文公」 하편에 나오는 "천하의 넓은 집[仁]에 거처하며, 천하의 바른 자리[禮]에 서며, 천하의 대도[義]를 행하여, 뜻을 얻으면 백성과 함께 도를 행하고, 뜻을 얻지 못하면 홀로 그 도를 행하여, 부귀에도 마음이 음란하지 않고, 가난하고 천하여도 절개를 옮기지 못하며, 위엄이나 무력에도 그 지조를 굽히지 않는다.[居天下之廣居 立天下之正位 行天下之大道 得之 與民由之 不得之 獨行其道 富貴不能淫 貧賤不能移 威武不能屈]"는 말과 같다. 맹자는 이러한 사람을 일러 대장부大丈夫라 하였다.

『원주변씨대동보原州邊氏大同譜』 「문헌록文獻錄」에는 그가 중국에서 우리나라(고려)에 와서 살면서 지은 「우리나라에 머물러 살며 읊음[東國留居吟]」이라는 시 2수와 그가 한양으로 귀양 가서 지은 「한양 귀양지에서 읊음[漢陽流所吟]」이라는 시 4수가 실려 있다. 먼저 「우리나라에 머물러 살며 읊음[東國留居吟]」이라는 작품을 살펴보자.

나는 중국 성姓으로 제곡과 헌원씨의 후손,	粤余華姓自軒嚳
제왕의 역사서에 실려 밝게 전하여 온다네.	昭載帝王世乘傳
애초에 현금에 명하여 하늘에서 성현 내려,	初命玄禽天降聖
왕조 바꿔 백마 내려 성현 나라에 봉하였네.	更朝白馬國封賢
대부의 이름은 백으로 조상들은 주나라 살아,	大夫名伯周居祖
공자의 자는 변으로 그 선조는 송나라 출신.	公子字邊出宋先
우리나라에 와 세 갈래로 나뉜 한 본이니니,	東土三支分一本
태천에 살면서 중엽부터 씨족이 이어 온다네.	泰川中葉氏綿綿

오랑캐가 천하를 짓밟아 일찍이 피난했나니,	左衽乾坤夙避地
대동大東은 저절로 작은 중화中華 되었네.	大東自有小中華
당요唐堯와 병립한 곳 신단수가 전해 오고,	唐堯幷立傳檀木
주나라 무왕武王이 봉한 곳 무궁화 둘렀네.	周武所封繞槿花
저문 날에 섬에 비껴 누웠으니 바람 거세고,	島晩橫居風氣勁
바닷가를 거닐어 갈 때 달빛이 기울어 가네.	海餘連蹈月輝斜
산이 높고 물이 맑은 내 선조의 나라여,	高山麗水吾先國
소나무 무성하듯 길이 복되기를 축원한다네.	松茂承承祝永歌

위 시는 둘 다 7언 율시律詩이다. 첫 번째 시에서는 대은大隱 자신의 출신과 동방의 문화를 찬양하고 그 무궁함을 기원하고 있다. 자기 조상에 대한 유래를 상고시대부터 개관하면서 자신이 상고 제곡帝嚳과 헌원씨軒轅氏, 은나라를 세운 설契, 주나라를 세운 서백西伯인 문왕文王, 송나라 공자公子 변邊의 후예라 하고 있다. 제곡은 당唐나라 요堯임금의 형이다. 『사기史記』에, "전욱顓頊이 돌아가시자 현효玄囂의 아들 고신씨高辛氏를 세우니, 이를 제곡帝嚳이라 한다. 제곡이 돌아가시자 그의 아우 방훈放勳을 세우니 이를 요제堯帝라 한다."라는 말이 있다. 헌원씨는 황제黃帝를 가리킨다. 황제는 염제 신농씨와 함께 중국 상고사 전설 시기의 가장 이른 조종신祖宗神이다. 본래 성이 공손公孫, 호가 헌원씨이다. 서정적 자아가 현금玄禽에 명하여 하늘에서 성현을 내렸다고 하였다. 현금은 은殷나라를 상징하는 말이다. 은나라의 시조 설契이 태어날 때 제비가 알을 떨어뜨린 것[玄禽之墮卵]에서 유래하였다. 송나라 때의 변邊씨의 한 분파가 우리나라에 와서 산다는 것이다.

자기 조상, 성씨에 대한 대은의 자부심을 엿볼 수 있다.

두 번째 시에는 대은이 우리나라, 곧 고려로 오게 된 연유를 묘사하고 있다. 우리나라는 일찍이 오랑캐를 피하여 피난 온 중국 사람이 살면서 저절로 작은 중화가 되었다 한다. 우리나라 단군檀君이 신단수 밑에서 고조선을 건국한 것이 중국 당나라 요 임금과 같은 시기라 하고 있다. 주나라 무왕은 봉건제도를 시행한 군주로, 자신의 많은 형제들을 각 지역에 제후로 봉하였다. 그 가운데 한 사람이 우리나라에 봉해졌고 자신의 선조가 바로 그 사람이라는 사실을 묘사하고 있다. 두 번째 시 수련首聯과 함련頷聯에서는 대은이 고려에 온 배경을 읊고 있다. 미련尾聯에서는 일찍이 그의 조상들이 이곳에 와서 살았기에 '나의 선조의 나라'라 하였다. 이러한 나라가 소나무가 무성하듯이 영원히 복되기를 축원하고 있다.

다음으로 그의 「한양 귀양지에서 읊음[漢陽流所吟]」 4수 가운데 첫 번째 시를 보자.

신주神州가 멸망하여 나는 동쪽으로 왔나니,	神州陸沈我徂東
문물이 뛰어난 기자 나라 기운 여전히 남아.	文物箕邦尚有風
바다를 건너 천자를 뵙고 대의를 드러냈나니,	航海朝天昭大義
산지山地를 개척하는 데 남다른 공을 세웠네.	柵山闢地建殊功
한때 머물 곳을 잃은 거莒나라 왕손이었고,	一時失處王孫莒
3년 만에 돌아온 동궁桐宮 태갑太甲 후손이네.	三世奉歸太甲桐
진위를 살피는 일은 후세 사람 할 일이나니,	眞僞且看來後事
저 푸른 하늘은 응당 붉은 충정을 알아주리.	彼蒼應識且丹衷

이 시는 7언 율시로, 대은이 중국에서 동쪽인 고려로 와서 공을 세웠으나 유배된 사실을 묘사하고 있다. 대은 자신이 중국 상나라 태갑太甲의 후손이라는 것에 대한 자부심을 드러낸다.

신주神州는 중국을 가리킨다. 중국 전국시대戰國時代에 추연騶衍이라는 학자가 중국을 '적현신주赤縣神州'라 한 데서 그 이름이 유래한다. 여기서의 신주는 상나라를 가리킨다. 왜냐하면 그 뒤에 기자의 나라라는 말이 나오기 때문이다. 기자는 상나라, 곧 은나라 마지막 임금인 주왕紂王의 숙부이다. 대은이 우리나라에 온 것이 고려 말, 원나라 말이다. 원나라가 멸망한 뒤로 후세 사람들이 중국을 신주라 불렀다.

태갑은 중국 상商나라를 건국한 탕왕湯王 천을天乙의 태자였던 태정太丁의 아들이다. 성은 자子이며, 이름은 기록에 따라 태갑太甲 또는 조갑祖甲이라고 한다. 그의 왕호王號가 태종太宗이다. 태갑이라는 이름은 태어난 날의 천간天干이 갑일甲日이기 때문에 붙여진 것이다.

동桐은 중국의 옛 지명으로, 산서성山西省 영하현榮下縣에 있었다. 태갑이 왕위에 올랐으나 정사政事가 어질지 못하여 이윤伊尹이 동桐에 궁宮을 세우고 태갑을 이곳으로 추방하여 살게 하였다. 동桐은 탕湯임금의 장지葬地다. 따라서 그를 선왕先王 가까이에 살게 하여 허물을 뉘우치고 의義에 가까이 하도록 하기 위해서 그곳으로 추방하였다. 태갑은 동桐에 산 지 3년 만에 자기 허물을 뉘우쳤고, 이에 이윤은 그를 다시 맞아 정사를 맡겼다. 대은이 바로 이 태갑의 후손이다. 그는 은연중에 자신이 보통 사람이 아닌데 이렇게 화를 당하여 안타깝다는 것을 묘사하고 있다. 지금은 자신이 귀양 와 있지만, 후세 사람들이 반드시 그 진실을 밝혀 자신의 충정을 알아줄 것이라 하였다. 당대와 후대 학자들은 그의 말처럼 그를 칭송하였고 그는 소원을 이루었다.

이는 마치 "우공이 통곡하니 3년이나 가물었고, 추연이 슬퍼하니 5월에도 서리 내렸네.[于公痛哭三年旱 鄒衍含悲五月霜]"라는 신라시대 왕거인王巨人의 시 「분원憤怨」을 연상케 한다. 한 나라의 말기에는 간신이 설치기 때문에 충신이 간신들의 모함에 빠질 수밖에 없다. 「한양 귀양지에서 읊음」 가운데 두 번째 시를 보자.

7월에 계신 곳 여흥을 찾아뵈었더니,	司堂七月享麗興
도리어 풍파 일어나 끝없이 계속되네.	轉釀風波出始永
공의로 은나라 임금 면을 맞이하려는데,	公議方迎殷王冕
깊은 근심 한나라 금등을 두려워하네.	隱憂將恐漢金縢
옛 도읍지는 승지니 비록 휴양하여도,	舊都勝地雖怡養
어린 임금 하늘에 떳떳하게 모신다네.	冲嗣彝天合封承
전년에 누가 「곽광전霍光傳」을 읽었나,	前年誰讀霍光傳
천 리 밖 연나라 편지 공 한 층 더해지네.	千里燕書更一層

이 시는 「우리나라에 머물러 살며 읊음」과는 달리 한양에 귀양 가서 지은 시이기 때문에 그만큼 분위기가 가라앉아 있다. 우왕을 만난 뒤에 풍파가 계속되었고, 그를 복위시키려는 뜻을 피력하였다. 이어서 공민왕부터 창왕까지 3대 왕에 대한 충정의 마

음과 곧은 지조를 읊고 있다. 대은은 여주에 우거하고 있는 우왕을 찾아갔다가 더 큰 화가 일어난 것을 안타까워하고 있다. 이 일은 비단 고려 때만 있었던 것이 아니다. 그가 고사를 인용하고 있듯이, 은나라나 주나라 때도 있었다. 여러 대신들이 은나라 임금이었던 면冕을 맞이하려 공의를 모았다.

여흥驪興은 지금 경기도 여주驪州로, 당시 우왕禑王이 우거寓居하던 곳이다. 함련에 등장하는 금등金縢은 『서경』의 편명篇名이다. 주나라 무왕武王이 병이 들자, 그의 아우 주공周公이 글을 지어 신에게 아뢰기를 자기가 대신 죽겠다고 하였다. 제사가 끝난 뒤 이 글을 금金으로 봉封한 함 속에 넣었다. 그 뒤에 주공이 조카 성왕成王 때 참소를 받았는데, 성왕이 이 금등金縢을 열어 보고는 크게 뉘우쳤다고 한다. 다음은 「한양 귀양지에서 읊음」 세 번째 시이다.

현릉의 송백이 푸른 하늘을 떠받들고,	玄陵松柏戴蒼旻
곧고 곧은 솔가지에 새잎이 돋아나네.	正正孫枝子葉春
도리화 핀 문 앞 바람과 같이 벗삼고,	桃李門前風共伴
죽매원에 내린 눈이 외로운 이웃이네.	竹梅園裡雪孤鄰
자문하는 데 사사로이 무엇 호소하리,	咨文中路私何訴
종묘사직엔 상왕을 의롭게 모신다네.	宗社上王義可遵
세 임금을 16년 동안 계속 모셨나니,	三世相承十六載
공들 중에 누가 옛 조정 신하 아니랴.	諸公孰不舊朝臣

현릉玄陵은 공민왕의 능을 가리킨다. 자문咨文은 중국中國과 왕복하던 문서를 가리킨다. 상왕上王은 우왕禑王을 가리킨다. 3세三世는 공민왕恭愍王·우왕禑王·창왕昌王으로, 고려의 31~33대 임금을 가리킨다. 대은은 한양에 귀양 가서 자신이 고려 조정에서 활동하였던 일을 회상하고 있다. 한때는 고려의 신하였지만 마음을 바꾸어 조선에 동조하고 있는 여러 신하들을 안타까워하고 있다.

마지막으로 「한양 귀양지에서 읊음」 네 번째 시에서는 대은 자신이 중국에서 고려로 옮겨 와 살면서 겪은 여러 가지 일을 묘사하고 있다.

내가 동쪽에 와서 산 지 40여 년,	自我居東四十春
정충과 직절을 나 홀로 펼치려 하였네.	貞忠直節獨求伸
안동과 인월역에서 개선가를 전하였고,	花山月驛傳歌凱
위화도와 제주도에서 의로운 깃발 올려.	威島耽羅奉義幡
세 임금 공민왕·우왕·창왕을 두루 모셔,	歷事三朝天寵舊
임금의 은총에 일등공신에 이르렀구나.	策勛一等地望新
어찌하여 ○○○○○○○○○○○,	如何○○○○○
아직 중흥 생각지 않으니 누가 본받으리.	未念中興敦效嚬

그는 우리나라에 와서 40여 년을 살면서 충성과 절개를 지켰다고 하면서, 다음과 같이 예를 들었다. 화산花山, 곧 경상북도 안동과 인월역에서 개선가를 불렀다. 또 위화도와 제주도에서는 의로운 깃발을 휘날리기도 하였다. 위화도는 우리나라 북쪽 끝에 있고, 제주도는 우리나라 남쪽 끝에 있다. 그는 우리나라 전

지역에서 활동하면서 고려 말의 세 임금을 모셨다. 그 결과 일등 공신의 지위에 올랐다. 당시, 고려를 위한 대은의 충정이 이 시에 녹아 있음을 알 수 있다.

그가 죽은 후에 고려 삼은三隱에 속하는 포은 정몽주, 목은 이색, 야은 길재를 비롯하여, 도은 이숭인, 태조 이성계의 아들이자 대은大隱의 사위인 무안대군撫安大君 이방번李芳蕃이 그의 제문祭文을 지었다. 그 내용의 일부를 각각 들어 보면 다음과 같다. 먼저 정몽주가 지은 제문의 일부를 보자.

> 임신년 정월 열엿샛날은 돌아가신 대은공이 순절하신 두 번째 돌입니다. 진실한 벗이며 시중의 직책을 맞고 있는 연일延日 사람 정몽주는 술잔을 부어 공의 묘에 아룁니다. 늠름하기가 추상같음은 공의 충렬이요, 열렬하기가 백일白日 같음은 공의 의절이었습니다. 이 밤의 통곡을 어느 날이든 감히 잊겠습니까. 제수祭需는 보잘것없지만 우정은 두터우니 혼령께서는 오셔서 드시옵소서. 아아! 원통합니다.

대은이 순절하고 난 뒤 2주기 때 정몽주가 지은 제문이다. 대은의 충렬이 가을 서릿발 같고, 의절義節이 밝은 해와 같다고 하였다. 이색의 제문을 이어서 보자.

> 올해 임신년 정월 열엿샛날은 원천부원군 대은 변공께서 순절하신 지 두 번째의 돌이 됩니다. 공의 벗 한산군 이색은 오히려 아직도 감히 슬픔을 다 드리지 못하옵니다. 이 무슨 운수입니까? 이에 보잘것없는 술잔을 갖추고 난잡하고 어설픈 글을 지어 비통하게 울면서 묘에 아룁니다. 고금천지에

본이 되는 신하의 도리를 세운 사람은 공公이 아니고 누구이겠습니까. 천추만세를 감분시킨 의로운 선비는 공이 아니고 누구이겠습니까. 한강 물결은 세차게 일지만 흘러도 없어지지 않고, 삼각산은 높이 빼어나고 푸른 것 같아 없어지지 않지 않겠습니까. 강산과 같이 사라지지 않고 없어지지 않는 것은 공의 충렬이 아니면 무엇이 있겠습니까. 말을 길게 할 수 없어 한 번 통곡하고 물러갑니다. 원통하고 원통합니다.

이색은 그를 두고 천추만세를 감분시킨 의로운 선비라고 표현하고 있다.

다음은 야은冶隱 길재吉再의 제문이다.

경오년 이른 봄 정월 열엿샛날에 원천부원군 불굴당不屈堂 변공邊公께서 순절하셨습니다. 문하주서 길재는 감히 한바탕 울어 슬픔을 다 드러내질 못합니다. 두 해를 지나 금상琴祥에 사자使子 사순師舜이 술잔을 갖추어 묘에 나아가 아룁니다. 생각건대 혼령은 충렬이 지극하고 정성이 간절하며 의리는 웅대하고 공로가 위대하였습니다. 그리하여 모든 관료들이 산처럼 우러러 보았으나 하루아침에 와열瓦裂되었으니 슬프고 애통함을 따를 데가 없습니다. 저의 마음은 깨어지고 갈라져 버렸을 뿐입니다. 원통하고 원통합니다. 말씀을 다 하지 못하였는데 울음이 먼저 나옵니다.

도은陶隱 이숭인李崇仁의 제문은 다음과 같다.

아아, 공께서 나라 주춧돌의 임무를 맡게 되셨던 것은 명도命途요 천리이고 공께서 부월斧鉞에 세상을 떠나시게 된 것도 명도요 천리입니다. 공께서 운명을 어찌하시겠으며 저인들 천운을 어찌하겠습니까. 썩어 없어지지 않을 것은 「불굴가」입니다. 말씀을 길게 드리지 못하고 울음도 감히 오래할 수 없습니다.

이숭인은, 변안렬은 떠났지만 「불굴가」는 썩어 없어지지 않을 것이라고 이야기한다.

마지막으로 대은의 사위이자 태조 이성계의 아들인 무안대군撫安大君 이방번李芳蕃의 제문 일부를 보자.

> 아아! 삶을 버리고 의를 택하셨으니 충절이 뛰어납니다. 남기신 「불굴가」는 송악에 빼어나고 걸출합니다. 나라 사람들은 공을 일컬어 어질다고 합니다. 하물며 저는 당에 올라 술잔을 부어 정묘하여 조상을 사모하는 마음에 대신합니다.

이처럼 변안렬의 충忠은 당시 사회에 큰 울림을 주었다. 이런 이유로, 정몽주가 「원천부원군전原川府院君傳」을, 길재가 「원천부원군유사原川府院君遺事」를, 이색이 「대은선생행장大隱先生行狀」을 짓게 되었던 것이다.

> 변안렬의 자는 충가忠可요, 그 선조는 황주인黃州人이었다. 중세에 원나라 조정에 들어가 벼슬하였다. 원통 갑술년(1334, 충숙왕 3)에 탄생하였다. 지조가 맑고 높았으며 기국器局과 도량이 넓고 컸다. 문장에 능통하였고 무예에 뛰어났다.
>
> 지정至正 신묘년(1351, 충정왕 3)에 무과에 합격한 후, 청직현관清職顯官을 거쳐 한 해 만에 직급을 뛰어넘어 형부상서에 이르렀다. 그해 겨울 12월에 노국공주魯國公主가 우리나라 공민왕에게 시집오게 되자, 안렬安烈이 수장首將이 되어 시종하여 왔다. 임진년(1352, 공민왕 원년)에 임금이 외척 되는 판추밀 원의元顗의 딸을 아내로 맞게 하고 그에게 원주를 본관으로 내렸다.
>
> 임인년(1362, 공민왕 11)에 안우安祐를 따라 홍건적紅巾賊을 격퇴하고 경도京

都에 돌아와서 공훈일등功勳一等의 직첩을 받고 예의판서禮儀判書에 제수되었으며 추성보조공신호推誠補祚功臣號를 부여받고 지삼사밀직사사知三司密直司事로 승진하였다. 계축년(1373, 공민왕 22)에 의용우군義勇右軍을 총괄하였다. 갑인년(1374, 공민왕 23) 최영崔瑩 장군과 더불어 탐라耽羅를 토벌하고, 그 공으로 판밀직사지문하부사判密直司知門下府事의 직책에 올랐으며 다시 평리評理로 전직되었다.

을묘년(1375, 우왕 원년)에 부원수副元帥가 되어 심왕瀋王을 격파하였다. 그 공으로 수충양절선위익찬공신호輸忠亮節宣威翊贊功臣號를 받았다. 병진년(1376, 우왕 2)에는 조사민趙思敏과 함께 부녕扶寧에서 왜구를 공격하여 크게 격파시키니 죽이고 사로잡은 자가 심히 많았다. 이기고 돌아오니 도당都堂이 천수사天壽寺에 나가 나희儺戲를 베풀어 그를 맞이하였다. 백금 1정定·안마鞍馬·의복衣服을 하사받고 문하찬성사門下贊成事로 승진하였다. 정사년(1377, 우왕 3)에는 조전원수助戰元帥가 되어 해주海州에서 왜군을 격퇴하였다.

경신년(1380, 우왕 6)에 왜적들이 배 5백 척으로 하삼도下三道에 쳐들어와 주군州郡을 부수고 태우며 인민人民을 죽이고 잡아가 그들이 지나가는 곳은 피가 파도를 이루었다. 안렬安烈은 이때 도체찰사都體察使로서 운봉雲峯 인월역引月驛에서 크게 승리하고 돌아오니, 임금이 직접 백관을 거느리고 아름다운 누각을 세우고 행렬을 지어 천수문天壽門 앞에서 환영하고 상으로 금 50냥을 내려 주었다.

임술년(1382, 우왕 8)에 도원수都元帥로서 안동에서 왜구를 격파하였으며, 원천부원군原川府院君에 봉하여졌다. 얼마 뒤 판삼사사判三司事가 되었다. 무진년(1388, 우왕 14) 요동을 공격하러 떠나던 도중 위화도에 이르러서 의로운 회군回軍을 일으켰다. 이시중李侍中(이성계)이 여러 장군들과 회의를 열어 우왕을 강화도로 추방하였다. 안렬安烈은 마침내 문을 걸어 닫고 스스로 호를 대은大隱이라 하였다. 이색李穡이 의견을 좇아 조민수曺敏修와 같이 정비定妃의 교지敎旨에 따라 왕자 창昌을 국왕으로 옹립하였다. 이때 사사로이 여흥驪興에 가서 전왕인 우왕禑王을 알현하고 그를 영립할 것을 꾀하였다.

기사년(1389, 창왕 1)에 영삼사사領三司事에 올랐다. 왕실의 믿음을 얻고 조정에서 명망이 매우 높아지자 이시중이 이를 시기하여, 자신의 아들에게 재상宰相들을 불러 음식을 대접하게 하였다. 술이 한창 돌고 있을 무렵, 이시중의 아들이 "이런들 어떠하리, 저런들 어떠하리, 성황당 뒷담이 무너진들 어떠하리, 만수산 드렁 칡이 얽혀진들 어떠하리, 우리도 이와 같이 얽혀 죽지 않음이 어떠하리."라고 읊었다. 이에 안렬安烈이 화답하여, "내 가슴 구멍 뚫고, 새끼줄로 길게 꿰어, 앞뒤로 끌고 당겨 갈리고 찢길망정, 너희들 하는 대로 내 사양치 않으리라. 내 임금을 빼앗는 일만은, 나는 굽힐 수 없다."라고 읊었다.

하루는 김저金佇가 밤중에 이시중의 집을 찾아가서 그를 해치려 하다가 도리어 붙잡혀 버렸다. 그는 잡혀서 국문鞫問을 당하였으나 자백하지 않았다. 이에 발바닥을 칼로 가르고 불로 지져 대니 심문하는 것에 따라 모두 자백하였다. 이리하여 안렬安烈 등도 사련辭連되고 마침내 옥사가 이루어졌다. 이때 전왕(우왕)을 강릉江陵으로 옮기고 왕자를 강화江華로 내쫓았다.

경오년(1390, 공양왕 2)에 윤소종尹紹宗·이첨李詹 등이 변안렬의 죄를 논하고 전형典刑을 바르게 하자고 상소하였으나 임금이 허락하지 않고 한양漢陽에 유형流刑시켰다. 윤소종 등이 성 밖에서 강도가 일어난 것은 실로 변안렬의 무리에서 나오는 것이라고 왕 앞에서 아뢰고 물러가서 또한 다섯 차례 상소하였다. 성석린成石璘이 대역大逆이라고 논하고 형刑을 바르게 하자고 아뢰었다. 임금은 그의 상소를 헌사憲司에 내려보내고 적소謫所에 가서 국문하지 말고 처형하도록 하였다.

평리사評理司가 아뢰기를, "그 까닭을 심문하지 않고 대신을 즉시 극형極刑에 처하는 일은 있을 수 없습니다."라고 하였다. 이에 임금이 오사충吳思忠과 남재南在에게 명하여 그곳에 가서 국문鞫問케 하였다. 그러나 일행이 벽제역碧蹄驛에 이르니 이미 안렬安烈이 화를 입었다는 소식이 들렸다. 정월 16일 경진庚辰이었다. 4월에 회군공훈回軍功勳에 넣어 기록되었다. 임금이 교문敎文하기를, "비록 변안렬의 몸은 이미 죽었으나 의義에 따라 회군한 공은 잊을 수가 없다."라고 하였다. 신미년(1391, 공양왕 3)에 녹권錄券이 주어졌지만 얼마 뒤에 훈공勳功이 삭제되고 가산이 몰수되었다. 윤이尹彛와 이초李初의 옥사에 연루되었기 때문이다.

잘라 말하건대, 예로부터 국가의 말엽에는 하늘이 반드시 충신과 열사를 내어, 혹 힘을 다하여 외적外賊을 방어하기도 하고 혹 절조節操를 다하다 나라를 위하여 죽기도 한다. 만세에 이르도록 남의 신하 된 자로서 모범의 극치가 될 만한 사람이 없는 것은 아니다. 그러나 한 사람의 몸으로 이 두 가지를 겸비한 사람은 고금에 찾아보아도 안렬安烈 같은 이가 드물다. 그런데 마침내 나라의 주춧돌 같은 몸으로 도리어 처비萋斐의 손을 꺾게 하였다. 아아 하늘에 계신 상제는 어떤 사람인가. 고려의 신하로서 고려의 옛 임금을 맞이하려고 한 것이 어찌 누가 될 수 있는가? 나는 그 억울함을 슬퍼하고 그 충성스러움에 감격하여 차마 뒤에 가서 인몰되게 할 수 없어 마침내 전을 지어 후대 대군자가 공평무사한 심정으로 정론正論하기를 기다린다.

임신년 봄, 오천烏川 정몽주鄭夢周가 행장을 짓다.

정몽주의 「원천부원군전」이다. 제시한 인용문을 보면, 변안렬이 당시 세운 공이 세세하게 잘 드러나 있다. 특히 글의 말미에 충과 열을 모두 겸한 사람이 바로 변안렬임을 칭송하는 것에서 그의 정신을 느낄 수 있다.

2) 동호東湖 변영청邊永清[1)]

동호 변영청은 어떤 인물이고, 어떤 삶을 살았을까? 이를 살펴보기 위해 여기서는 그의 문집인 『동호집』에 실린 가장·행장·묘도문과 족보, 그리고 조선왕조실록 등을 참고하여 그의 가계와 삶의 행적을 정리해 보기로 한다.

변영청은 1516년에 변광과 안동권씨 권철경權哲經(?-1524)의 따님 사이에서 태어났다. 그의 증조부인 변녕邊寧은 조선 세조 때 정국공신靖國功臣이고, 조부 변희예邊希乂는 무오사화戊午士禍 때 그의 종형 변희리邊希李와 영주에 정착해 두문불출하였다. 부친 변광邊廣이 바로 영주에서 안동 금계로 이주한 원주변씨 안동 입향조이다.

행장에 따르면, 변영청은 천성이 총명하여 7세에 이미 말을 하면 사람들을 놀라게 하였다. 어린 시절 모래 가에서 놀 때 모래를 모아 나누며 "내가 장차 이와 같이 쌀로 굶주린 자를 널리 구제할 것이다."라고 하였다 한다. 이러한 어린 시절의 일화는 그의 비범함을 잘 드러내 준다.

여러 번 과거에 낙방하면서도 그 뜻을 굽히지 않아, 마침내 1546년에 진사시에 합격하니 사람들이 "어찌 영남 사람 중에는 이처럼 뛰어난 재주를 가진 자가 많은가!"라고 칭송하기도 하였다. 이후 34세 때인 1549년 문과에 급제하여, 승문원에 보직되었다가 1550년 병조좌랑을 거쳐 사간원정언에 제수되었다. 1551년 사헌부지평에 제수되어서 권간權奸들을 배척하는 상소를 올렸는데, 그 상소의 언사가 매우 엄정하였다. 이에 사람들이 모두 위태롭게 여겼으나 그는 끝내 두려워하지 않았다.

하지만 이때의 일로 파직을 당하고 고향인 안동으로 내려갔

동호정

다. 그는 강가에 집을 지어 '동호정東湖亭'이라 편액하고, "차라리 내 마음의 비루하고 인색함을 저 호수에 씻어 낼 수 없다면, 장차 내 몸을 맑은 호수에서 씻으며 나의 생을 마치겠노라.[寧不能將吾心鄙吝濯彼湖兮 吾將慾吾躬於清湖 以終吾生]"라고 하였다.

이후 변영청은 다시 벼슬길에 나아가 홍문관부교리에 이어 사헌부집의에 제수되었고, 지방관으로 부임하였을 때는 백성들을 위로하여 떠돌아다니지 않게 하고, 관아에 저장된 곡식을 내어 굶주리고 곤궁한 자들을 구휼하였다. 이러한 치적으로 관찰사가 변영청의 청백함과 선정善政을 조정에 보고하였다. 그러나 선조

6년(1573) 9월 18일 조 기록을 살펴보면, 사헌부에서는 "대구부사 변영청은 성질이 본디 탐오하여 전후 고을을 맡았을 때 오직 자기를 살찌우기만을 일삼았으므로 집이 본디 가난하였는데 10년 동안에 갑자기 큰 부자가 되었습니다. 탐욕하여 얻은 축적과 어질지 못한 증험을 여기에서 알 수 있으니 파직하소서."라고 한 내용이 나온다. 이때 탄핵을 당한 변영청은 「스스로 심사를 안타까워함[自嘆心事]」이라는 시를 지어 자신의 안타까운 마음을 시로 표현하기도 하였다.

평생 나라 위하였지 내 집 위하지 않았는데,	平生爲國不爲家
당시 내가 잘못하였다고 하니 가소롭구나.	可笑當時不我嘉
남쪽 고을에 물러나 지내며 할 일이 없어,	退臥南州餘事少
거문고와 책 길이 벗하니 누가 내 욕하리오.	琴書長半辱何加

그는 자신이 평생 목민관으로 일하면서 나라를 위했을 뿐, 개인의 안위를 돌아보지 않았다고 항변한다. 그렇기 때문에 고향에서 은거하여 거문고와 책을 벗하며 세상의 비판에서 벗어나는 것도 괜찮다고 스스로를 위로한다. 변영청은 청송부사로 부임하면서 아들들에게 "너희들은 나를 염려하지 말고 다시는 관청으로 문안 오지 말아라. 관가官家 출입은 너희의 공부를 해이하게 할 뿐만 아니라 백성들에게도 해가 된다."라고 하기도 한 인물이다. 그러므로 그에게 이러한 모욕은 견디기 힘들었을 것이다. 그가 청송에 부임하여 지은 「청송에 도착하여[到靑松]」를 보면 다음과 같다.

늙고 게으르며 병이나 앓던 몸이,	衰慵一病物
해 저물녘 작은 고을에 이르렀네.	歲暮到殘城
외진 곳이라 산 빛이 눅눅하나니,	地僻山嵐潤
백성은 순박해 할 일이나 있으리.	民淳印綠生
마음 비워 생각 이미 안정됐는데,	心空思已靜
적막한 뜰에 어찌 귀를 기울일까.	庭寂聽何傾
흰 눈 빛이 개인 창 안으로 들어,	白雪晴窓裏
세상 밖의 정취는 길이 한가롭네.	長閒世外情

그는 처음 청송에 당도했을 때 산으로 둘러싸인 외진 고을에 백성들도 순박하니 관료로서 크게 할 일이 없겠다고 생각하였다. 마침 부임한 시기가 한 해가 저물어 가는 때라 흰 눈이 쌓인 고을은 바깥세상과 더욱 동떨어져 한껏 여유가 있어 보였다. 그러나 청송 백성들의 삶은 지역이 궁벽한 만큼 풍족하지 못하였다. 변영청은 청송부사로 있으면서 좋은 옷을 입지 않고 여러 가지 음식을 한꺼번에 상에 올리지 못하게 하는 등 검약을 으뜸으로 삼았다. 한편 관리들이 환곡還穀에 대해 농간을 부리지 못하도록 하였다. 또 매월 초하루에 마을의 수재 가운데 학업을 잘 닦는 자들을 선발하여 학업을 완성하게 하고, 고을 사람 가운데 부모를 잘 봉양하는 자들에게는 일정의 돈과 식량을 지급하여 부모의 뜻을 편안히 하도록 하였다. 그가 임기를 마치고 돌아갈 때는 하인 1명과 말 한 필뿐이었다. 이를 본 아전과 백성들이 노자 300냥을 마련해 주었지만, 취하여서는 안 될 것을 취할 수 없다고 하면서 거절하였다. 그의 이러한 일이 알려져 청백록淸白錄에

이름을 올렸다.

이후에도 여러 관직을 역임한 그는 노모를 봉양하여야 한다는 이유로 사직하고 고향으로 돌아왔다. 1577년 또다시 천거되어 사헌부집의에 제수되었으나 모친 봉양을 이유로 부임하지 않았다. 1578년 모친상을 당하였는데, 그의 나이 63세였다. 그 역시 노쇠하여 쇠약해지는 것을 경계해야 했으나, 심한 추위나 여름 장마에도 날마다 묘소를 살피며 삼년상을 행하였다. 때문에 결국 상을 끝마치지 못하고 1580년 향년 65세를 일기로 세상을 떠났다.

그렇다면 변영청이 자신의 삶에서 가장 중요하게 생각했던 것은 무엇이었을까? 사람이면 누구나 가족이 있다. 위로는 부모를 비롯하여 조상이 있고 아래로는 자식을 비롯하여 후손들이 있다. 변영청 역시 이 범주에서 벗어나지 않는다. 부모가 계시면 그분들께 효도하는 것이 인간의 바른 도리이다. 효성이 지극한 사람이 나라에 충성한다. 충과 효는 두 갈래가 아니라 한가지이다. 동호 변영청의 시조는 변안렬이다. 앞에서도 언급하였듯이 변안렬은 중국 사람으로, 고려에 귀화하여 자신의 목숨이 다할 때까지 고려에 충성하였다. 그의 부모에 대해서는 알려진 바 없지만, 그 역시 효자였을 것이다. 이러한 충효정신이 그 후손들에게 전승되었다. 물론 대은의 후손 가운데 동호 앞 대까지는 문집이 전하지 않아 그 사실을 확인할 수는 없다. 하지만 변영청의 문집인 『동호집』에 실린 작품들에 이러한 충효정신이 들어 있는 것을 보면 집안의 가풍과 가학이 어떻게 전해지고 있었던가를 알 수 있다. 그 가운데 가장 중요한 것이 부모와 자식을 생각하는 것이다.

변영청은 그의 시에서 인간의 가장 기본 도리를 묘사하였다. 그것은 다름 아닌, 부모님께는 효도요 자식들에게는 사랑[慈愛]이라 할 수 있다. 이것이 밖으로 나아가면 임금에 대한 충성이 된다. 이는 자신의 분수를 다하면서 충忠·효孝·자慈의 정신이 그의 머릿속에 저절로 자리 잡았다는 증거이다. 그는 조정에서는 관료로 네 고을의 수령으로서, 십수 년 동안 고향을 떠나 있었다. 이때 그가 가장 절실하다고 생각하였던 것이 살아 계신 부모님을 봉양하는 일이었다.

호남 천 리 머나먼 곳이 어찌 내 집이랴,	湖南千里豈吾居
달빛 아래 고향집만 하염없이 생각하네.	月下長思舊弊廬
어버이 봉양하려 하나 돌아가지 못하니,	只爲養親歸未得
봄바람 부는 누각에서 색동옷만 휘날려.	春風樓上拂斑衣

「박습독의 '생각을 서술함'이라는 시에 차운함[次朴習讀述懷]」이라는 작품이다. 그가 남원부사로 재임할 때 고향을 그리워하며 지은 시이다. 남원은 고향과 천 리 동떨어져 있어 그에게는 낯선 곳이다. 그는 일찍이 양친을 봉양하기 위해 외직을 청했으나, 오히려 고향에서 멀리 떨어진 곳으로 부임하게 되었다. 고향이 아닌 타향은 낯설고 소외되고 외로운 정감이 서려 있다. 물론 그는 고향과 가까운 청송의 부사로 부임해서도 "동호의 고향집 멀리 있지 않으니, 경치 좋은 그곳으로 돌아가고파.[東湖家不遠 歸去好風煙]"

라고 하면서 고향으로 돌아가고 싶은 심사를 드러냈다. 고향과 가까운 곳에 가면, 더욱더 고향이 그리워지는 마음을 드러내기도 하였다. 하지만 타향에서 달빛이 비치는 밤이 되면 적막감이 더해 간다. 사방이 고요할 때 외로움과 그리움이 깊어만 가는 것이다. 그것도 늙으신 부모님이 고향에 계실 때에는 어찌할 수 없는 안타까움이 마음속에서 솟아오른다. 변영청은 이러한 자신의 심정을 결구에서 중국 초楚나라 노래자老萊子가 나이 일흔이 되어 부모를 기쁘게 해 드리기 위해 색동옷[斑衣]을 입고 재롱을 부렸다는 고사를 끌어와 대변하고 있다. 그만큼 그가 부모님에 대하여 효심이 지극하였다는 것을 이 시를 통하여 알 수 있다.

그는 며느리를 잃고, 어미를 잃은 손자들을 보고 참담한 심정을 드러내며 작품을 남기기도 하였다. 변영청은 장손長孫 변희일邊喜一(1574–1635)이 자신의 죽은 모친의 무덤을 찾아가겠다고 하자, 그 말이 천성에서 우러나오는 효심임을 깨닫는다. 그러면서 그는 나이 어린 손자를 보며 "몇 살 안 되는 아이도 이 같은 효심 있거늘, 슬프구나! 백발 된 이 몸 아이만도 못한 것을.[數歲之童猶乃爾 如哀白髮不如兒]"이라고 하면서 부모님을 그리워하지 않는 자신을 반성하기도 한다.

한편 그는 아들인 변경장邊慶長(1539–1585)의 과거 급제에 많은 관심을 두었다. 때문에 녹음이 우거지는 계절이면 혹 풍경에 눈을 빼앗겨 공부에 소홀할까 걱정하며 시(「앞의 시에 차운하여 경아에게[次前韻寄慶兒]」)를 지어 보내기도 하였다. 이 시에서 그는 "각고의

공 들이면 어찌 성취하지 못하랴.[穿床功績豈無成]"라고 하면서 시간을 아껴 샘을 파듯 착실하게 공부해야 함을 강조하였다. 이러한 그의 모습은 「절로 가는 경아에게[寄慶兒上寺]」라는 시에서도 잘 나타난다.

책보를 지고 찾아가는 산길에,	負笈尋山路
골짝 가득 눈보라가 몰아치네.	雪風滿壑吹
입은 옷이 무겁다고 하지 말고,	着衣何憚重
술 마시는 것도 사양치 말아라.	飮酒不須辭
공부는 마음 가라앉힘이 중요해,	做業要心靜
놀 때도 생각 갈릴까 경계해라.	當遊戒意岐
고금 학문 트일 날 머지않기를,	網羅開未遠
늙은 이 애비의 긴 바람이라네.	白首是長思

앞의 시에서 가을에 시행하는 시험을 목표로 공부했던 아들이 결과가 좋지 못했던 것 같다. 이번에는 과거 시험을 위해 산사로 떠나는 아들에게 준 시이다. 시에서 알 수 있듯이, 겨울의 눈보라 휘몰아치는 산으로 올라가는 아들을 위해, 답답하더라도 두꺼운 옷을 벗지 말고, 몸을 녹일 수 있도록 술도 한잔 마시고 가라며 걱정하는 모습을 보이고 있다. 그러면서도 공부를 할 때는 마음을 가라앉히고, 놀더라도 의지가 해이해지지 않도록 당부하며, 공부의 성과가 있기를 기대하는 모습을 고스란히 드러내고 있다. 이와 같은 아버지의 염원에 힘입어 변경장은 1570년 생원시에 합격하였다.

변영청이 활동했던 시기에 영남에서는 퇴계 이황이 학파를 형성하였다. 변영청의 사승 관계에 대한 것은 직접적인 언급이 없어 현재로서는 자세히 알 수 없다. 다만 목재木齋 홍여하洪汝河(1620–1674)가 1669년에 지은 「병자계첩」의 발문에서 변영청의 증손 변유형邊有亨이 "일찍이 퇴계 선생 문하에 유학하였으나 그때 왕복한 서찰을 임진병란에 잃어버렸다."라고 한 말을 기록하면서, 이것에 대해 "내 생각으로는 노선생(퇴계)의 서찰과 여러 글은 그중에 필시 세교世敎에 큰 도움이 될 만한 것이 있었을 텐데 모두 유실되었으니, 어찌 변씨만의 불행이겠는가. 도리어 사문斯文의 불행일 것이다."라고 한 것이 남아 있다. 이에 대해 정재定齋 류치명柳致明(1777–1861)이 『동호집』의 서문을 쓰면서, "목재木齋 홍공洪公(홍여하)이 공(변영청)의 이름이 『계문록溪門錄』에 실려 있지 않은 것 때문에 누락된 부분이 있지 않나 의심하였다.[木齋洪公 以公不載溪門錄 疑其有闕]"라고 한 바 있다. 이를 볼 때, 변영청을 퇴계의 문인으로 보는 것에 일정 부분 동의했음을 알 수 있다.

변영청은 귀촌龜村 류경심柳景深(1516–1571), 성남星南 장문보張文輔(1516–1566)와 함께 '화산삼걸花山三傑'로 불렸다. 이들은 선정을 베풀어 목민관으로서의 모범을 보여 준 인물들이다. 특히 세 분 모두 1516년생 안동 출신으로 출사한 인물이라는 공통점이 있다. 학사鶴沙 김응조金應祖(1587–1667)는 "내가 어려서부터 화산(안동)에 호걸이 많다고 들었는데, 귀촌 류경심과 진주목사 장문보와 청송부사 변영청 등 여러 분은 병자년(1516)에 태어나 같이 과거에 급제하여 한 시대에 명예로운 이름을 날리고 수레를 나란히 달리듯 하여 명성이 빛났으므로 마음속으로 가만히 흠모하였으나 문하에 들지 못한 것을 한스럽게 여겼다."라고 하기도 하였다. 이처럼 '화산삼걸'은 퇴계학파의 자장 아래에서 현실 학문에 치중하면서도 각기 나름의 학문을 성취하였다.

이뿐만 아니라 그의 교유 관계는 「병자계첩」의 35인 인물과 문집 안의 차운次韻한 시에서도 파악할 수 있다. 당시 1516년에 태어나서 관리가 된 35명이 계를 조직하였는데, 이 계에는 변영청, 류경심, 장문보 등 '화산삼걸'을 비롯하여 노경린盧慶麟·강섬姜暹·허충길許忠吉·이희검李希儉·심수경沈守慶 등이 참여하였다. 「병자계첩」에 수록된 인물의 자와 호, 출생 월일을 보면 다음과 같다.

성명	자	호	출생 월일
남 정南 井	응경應卿		1. 16.
황윤중黃允中	백시伯時		1. 19.
박은우朴恩愚	중민仲敏		1. 20.
이희의李希義	의숙宜叔		1. 21.
장문보張文輔	백훈伯勳		2. 5.
윤 희尹 曦	백휘白輝		2. 6.
류경심柳景深	태호太浩	귀촌龜村	4. 24.
김한경金漢卿	사원士元		5. 2.
변영청邊永淸	개백開伯	동호東湖	5. 3.
소 흡蘇 潝	혼원混元		5. 6.
윤 위尹 緯	문숙文叔		5. 21.
노경린盧慶麟	인보仁甫		6. 20.
안 홍安 鴻	자점子漸		7. 4.

성명	자	호	출생 월일
백유온白惟溫	중화仲和		7. 10.
황세은黃世慇	성백誠伯		7. 17.
허충길許忠吉	국선國善		8. 1.
이중호李仲虎	사문士文		8. 11.
성세평成世平	정중正仲		9. 1.
김재부金在孚	기길基吉		9. 7.
류순선柳順善	순중純仲		9. 20.
조 필趙 珌	국패國佩		9. 21.
류성남柳成男	간보幹父		9. 26.
최개국崔盖國	자자子者		11. 1.
박인수朴麟壽	서경瑞卿		11. 17.
이희검李希儉	경질景質	국재菊齋	11. 21.
박응천朴應川	혼중渾仲		11. 22.
정 걸丁 傑	영중英仲		12. 1.
신국양申國樑	간중幹仲		12. 10.
이 원李 遠	인숙仁叔		12. 14.
정맹남鄭孟男	효윤孝胤		12. 16.
강 섬姜 暹	명중明仲	송월당松月堂	12. 17.
심수경沈守慶	희안希安	청천聽天	12. 21.
박충은朴忠誾	백화伯和		12. 21.
류 균柳 均	극일克一		12. 22.
김수억金壽億	대년大年		12. 24.

「병자계첩」은 당시 사회에서 행해지던 상부상조相扶相助의 모습과 그 내용을 연구하는 데 가치가 있는 자료이다. 이 계에 가입한 사람들은 모두 수령守令급이기 때문에 선조 시대를 전후한 관료들의 당파적 움직임을 고찰하는 데도 도움이 된다.

현재 남아 있는 변영청의 작품은 차운시가 주류를 이루고 있다. 그의 문집에 실린 차운시는 121수(원집 94수, 속집 27수)이다. 물론 이는 그의 시문이 병화兵火로 소실되어, 후대에 수창한 시를 주로 수집했기 때문이기도 하다. 남아 있는 그의 시에는 67명의 인물이 등장한다. 이 가운데 구봉령은 변영청을 조정에 추천하기도 했고, 「청송부사 변영청 어머니 권씨 만사[青松府使邊永清母權氏挽詞]」(구봉령具鳳齡, 『백담집栢潭集』 권4)를 짓기도 하였다. 이 외에도 월천月川 조목趙穆(1524–1606)과 송암松巖 권호문權好文(1532–1587), 임연재臨淵齋 배삼익裵三益(1534–1588), 학봉鶴峯 김성일金誠一(1538–1593), 서애西厓 류성룡柳成龍 등 퇴계 문하의 주요 인물들과 수창한 시가 실려 있다. 이들 시에는 벗과 함께 풍류를 즐기기도 하고, 학문적 교유를 하기도 하는 등 다양한 모습이 담겨 있다. 「김사순께 드림[贈金士純]」이라는 다음의 시를 보자.

외진 고을에서 그대 편지 받을 줄이야,	緘書何得到殘城
마음 기뻐 뜯어 보니 두 눈이 훤해지네.	欣坼看來兩眼明
스승님 밑에서 글공부 얼마나 노력했나,	負笈師門幾努力
동문수학하며 의기가 서로 통하였다네.	和篪蘭室又同聲
그대 차근차근 올라가 천도를 들었는데,	却循階級聞天道
나는 부끄럽게도 속세에 머문 못난 선비.	誤落塵緣愧腐生
길고 긴 날 관청에서 공무 마친 여가에,	永日郡樓公退暇
높은 풍모 생각하니 감정 누를 길 없네.	高風遙憶不堪情

제시한 작품은 학봉鶴峯 김성일金誠一의 편지를 받고 이에 답하는 내용으로 이루어져 있는데, 외진 부임지에서 학봉의 편지를 받은 기쁨이 잘 그려져 있다. 학봉이 퇴계의 문하에서 수학한다

는 소식을 접하고는, 자신도 예전에 스승 밑에서 차근차근 단계대로 학업을 닦았던 시절을 회상한다. 그러나 지금은 관직에 종사하면서 속물적인 인간이 된 것을 부끄럽게 여기며 반성하고 있다. 이와 같은 진지한 학문 탐구 자세는 「류이현이 찾아와서[柳而見來訪]」라는 시에서도 살펴볼 수 있다. 시 가운데 "공자의 문장에서 먼저 가르침을 얻었고, 주렴계의 「태극도설」에서 근원 확인했네. 여러 해 탐구한 이치 말할 것이 있으랴, 하루 만에 관통하여 근원 다 이해했네.[夫子文章先得敎 周翁極理互相根 多年擿埴何須說 一日融通渾發原]"라는 구절을 통해 변영청이 류성룡과 함께 주렴계의 「태극도설太極圖說」에 대해 이야기 나눈 사실을 확인할 수 있다. 그는 류성룡과 자주 만나고 싶다고 하면서, 이러한 학문적 교유가 계속 이어지기를 희망하기도 했다.

얼마 전, 안동시 풍천면 가곡리에 위치한 권굉權硡(1494-1563)의 묘를 이장하는 과정에서 변영청의 친필 만장이 발굴되기도 하였다. 권굉은 권주의 넷째 아들로, 퇴계 이황의 처숙부이기도 하다. 이 또한 그의 교유 관계를 엿볼 수 있는 하나의 자료라 하겠다.

그의 유고가 소실된 까닭에 그의 삶과 생각을 세세하게 살펴볼 수는 없지만, 남아 있는 작품을 통해 그가 어떠한 삶을 추구했었는지를 조금이나마 이해해 볼 수 있었다. 김방걸金邦杰은 「통훈대부 상의원정 동호 변공 묘갈명 병서通訓大夫尙衣院正東湖邊公墓碣銘 幷序」에서 "안동에 세 명의 뛰어난 분 있으니, 공이 바로 그 가운데 한 분이시네. 청운의 길을 활보하였나니, 명성이 세상

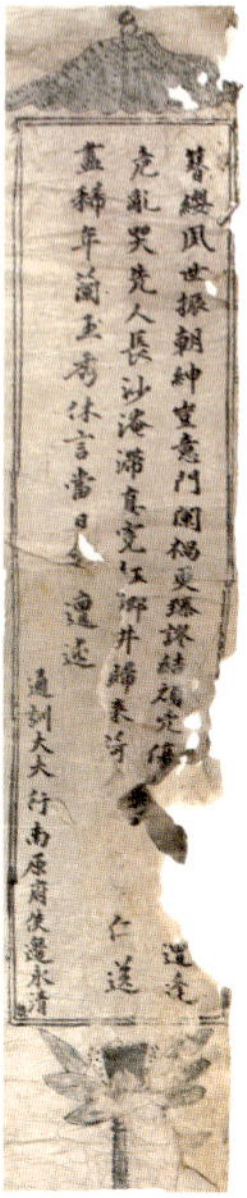

변영청 친필 만장(한국국학진흥원 제공)

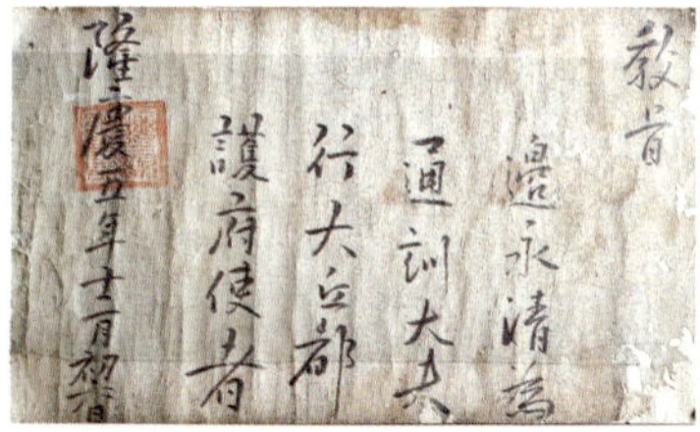

융경 5년 대구도호부사 교지

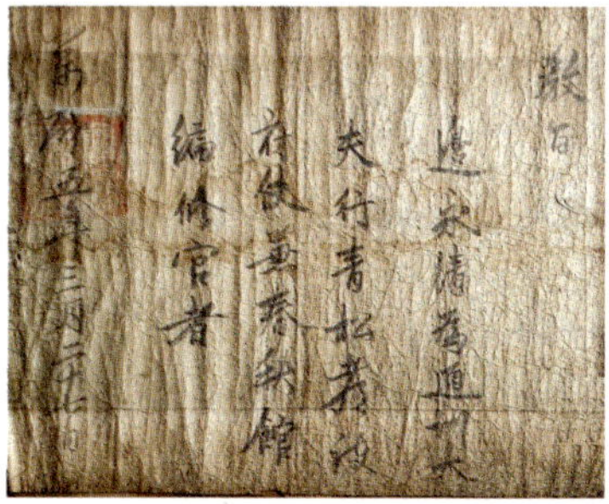

만력 5년 청송도호부사 교지

변영청 교지(한국국학진흥원 제공)

에 자자하였다네. 주나라의 쟁신처럼 하였고, 한나라의 순리와 도 같았다네. 내가 아첨하는 것이 아니라, 선배들의 기록에 있는 것이네.[花山三傑 公則其一 闊步青雲 聲譽藹蔚 周家諍臣 漢世循吏 匪我則諛 前輩有記]"라고 그의 행적을 평가한 바 있다. 또한 임연재臨淵齋 배삼익裵三益 역시 만사에서 그의 효성과 목민관으로서의 은혜를 그의 삶을 대표하는 것으로 꼽은 바 있는데, 이러한 면모는 후대로 이어지게 된다.

동호 변영청의 묘소

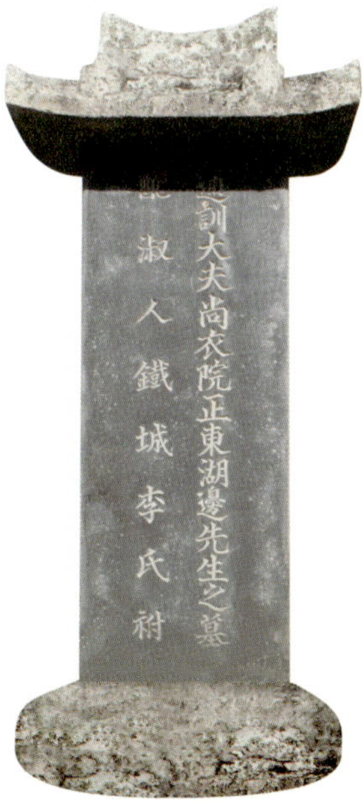

동호 변영청의 묘비

간재종가를 이룬
사람들

2 간재簡齋 변중일邊中一

간재簡齋 변중일邊中一을 살펴보기에 앞서, 시조 변안렬로부터 변중일에 이르기까지의 가계를 살펴보자.

변안렬邊安烈(1334–1390)–진한국부인辰韓國夫人 원주원씨原州元氏
↓
변이邊頤(1360–1439)–경주이씨慶州李氏 · 의령남씨宜寧南氏 · 동성이씨東城李氏
↓
변차희邊次喜(1392–1462)–풍산심씨豐山沈氏
↓
변녕邊寧–풍천임씨豐川任氏
↓
변희예邊希乂(영주 거주)–인주이씨仁州李氏
↓
변광邊廣(1493–1555, 안동 금계 거주)–안동권씨安東權氏
↓

변영청邊永淸(1516–1580)—철성이씨鐵城李氏
↓
변경장邊慶長(1539–1585)—동래정씨東萊鄭氏
↓
┌ 1남 변희일邊喜一(1574–1635)—순흥안씨順興安氏
├ 2남 **변중일邊中一**(1575–1660)—동래정씨東萊鄭氏·신천강씨信川康氏
└ 3남 변우일邊又一(1586–?)—문소김씨聞韶金氏

1) 왜병倭兵도 감동한 효심과 국란에 몸을 아끼지 않은 충심

변중일邊中一(1575–1660)의 자는 가순可純, 호는 간재簡齋이다. 성균생원 변경장邊慶長의 둘째 아들로 안동에서 태어났다. 서너 살 때 사람들의 글 읽는 소리를 듣고 그것을 외울 정도로 총명했던 변중일은 7세 때 공부를 시작하였다. 그는 당시 공부를 시작하면서 어버이를 섬기는 데 가장 도움이 되는 책이 무엇인지를 물은 적이 있었다. 『효경孝經』이라는 답을 들은 그는 바로 『효경』부터 먼저 배우겠다고 요청하여, 『효경』을 배우기 시작하였다.

그의 효성에 관련해서는 다양한 이야기가 전해져 온다. 그는 아이들과 어울려 놀다가도 대추나 배 같은 것을 얻으면, 자신이 먹지 않고 집으로 가져가 할머니나 어머니에게 드리는 등 효심이 각별하였다고 한다. 그의 삶을 정리해 놓은 행장行狀에 다음과 같은 이야기가 전한다.

한번은 그의 어머니가 병이 들었는데, 의원이 "꿩고기를 고아 먹으면 낫는다."라고 하였다. 마침 큰 눈이 내려 간재가 산에 들어가 꿩을 잡으려 해도 잡을 수 없어 애를 태우고 있던 중에 우연히 꿩 한 마리가 방 안으로 날아들었다. 그 꿩을 잡아 모친에게 드리자 효험이 있었다. 이 사실을 알게 된 주위 사람들은 간재의 효심이 감응感應한 결과라고 이야기하였다.

이러한 그의 효심은 나라가 위급한 상황에서도 오롯이 빛났다. 1592년(선조 25) 임진왜란이 일어났을 때의 일화이다. 당시 왜적이 침범해 안동까지 밀려들자 동네 사람들 모두가 달아나 숨기에 바빴다. 당시 변중일은 18세였는데, 집안에 늙고 병든 조모가 있어 달아나 숨지 못하고 조모를 모시고 있었다. 조모는 여름 더위에 이질까지 만나 움직일 수 없을 정도로 위중해 달아날 수 없는 상황이었기 때문이다. 이에 변중일은 조모를 간호하며 잠시도 곁을 떠나지 않고 속을 태우고 있었다. 결국 왜적들이 총을 쏘며 마을에 들이닥쳤다. 집안사람들이 어찌할 줄 모르고 황망해하는 가운데, 간재는 먼저 모친을 업어 빽빽한 삼밭 속으로 피신시켰다. 그리고 다시 조모를 업고 피신하려고 했으나 조모가 곧 숨이 넘어갈 지경이라 옮길 수가 없자, 죽음을 무릅쓰고 조모 곁에 앉아 간호하며 무사하기만 빌었다.

마침내 한 왜병이 먼저 집으로 들어와 간재를 때리며 끌고 나가 넘어뜨리고는 칼을 빼들고 죽이려 하였다. 이에 간재는 간절하게 말하기를, "조모 연세가 금년에 80세가 넘는데 나 같은 불효한 손자는 죽어도 아무 상관이 없지만, 조모만은 꼭 살려 주시오."라고 부탁하였다.

그러자 변중일의 진심 어린 부탁에 마음이 움직인 다른 왜병들이 급히 간재를 죽이지 못하게 하고 부축해 일으키고는 다시 방에 들어가 조모를 간호하도록 하였다. 그리고 왜병들은 "이는 실로 하늘이 낳은 효자이고, 이곳까지 오는 동안 이 같은 사람은 처음 본다."라고 말하였다고 한다. 그런 다음 "우리가 떠나고 난 후에 다른 왜병이 오면 다시 화를 당할 수도 있으니 신표가 없으면 안 될 것"이라고 말하고는 깃발 하나와 칼 한 자루를 주며 "뒤에 왜병이 오거든 이것을 보이며 사정을 이야기하라."고 설명하였다. 당시 변중일의 효심에 탄복한 왜병들은 집안 물건을 하나도 약탈하지 않고 물러갔다. 그리고 위중했던 조모의 병도 점차 회복돼 집안을 보전할 수 있었다. 당시 왜병으로부터 받은 일본도는 간재종가에서 보관해 오다가, 지금은 한국국학진흥원에 기탁하였다고 한다.

이 일화는 변중일의 효성을 가장 잘 드러내 주는 것이다. 이러한 효성은 앞서 변영청에게서 보았던 효성을 그대로 이어받은 것이기도 하다. 다음은 그의 충심에 관해 살펴보도록 하자.

1592년(선조 25) 임진왜란이 일어나 선조가 의주義州로 몽진蒙塵하고, 김성일金誠一이 초유사招諭使가 되어 영남 지역을 돌며 의병을 모집하였다. 이때 변중일은 "군신 간의 큰 윤리는 하늘이 내린 법이고 땅이 정한 의리이다. 지금 임금님이 피란길에 오르고 종묘사직이 폐허가 되려 하는데, 비록 나 같은 초야의 미신微臣

이라도 어찌 힘을 다해 나라의 위급을 구하기 위해 충성을 다하지 않겠는가."라고 하면서 가산을 팔아 구입한 쌀 100섬을 상주진영尙州鎭營으로 보냈다. 그러자 상주의 진장鎭將 김각金覺이 조정에 보고하였다. 이후 형인 변희일과 함께 김성일을 찾아 진주로 갔지만 당시 김성일은 이미 전장에서 죽은 뒤였다. 이에 발길을 돌려 망우당忘憂堂 곽재우郭再祐(1552–1617) 휘하에 들어가 군무軍務에 종사하였다. 이곳에서 간재는 적의 탄환에 맞아 팔에 부상을 입었는데, 이러한 공로를 인정받아 대구광역시 망우당공원에 위치한 임란호국영남충의단에 봉안되어 있다. 270여 명의 봉안의사 명단에서 그의 이름을 확인할 수 있다. 해마다 이곳에 봉안된 의사들의 후손이 모여 향사를 지내는데, 간재의 후손들 역시 참석한다.

그는 정유재란 때에도 국란에 몸을 아끼지 않았다. 1597년 왜적이 다시 쳐들어오자 변중일은 창녕 화왕산으로 달려가 박수춘朴壽春·성안의成安義·남사명南士明·류복기柳復起·정사성鄭士誠 등과 함께 화왕동맹火旺同盟에 참여하여 적들을 막아 냈다. 왜란이 평정된 후 여러 친족이 간재의 충의를 나라에 보고해 포전褒典을 청하려 하자 간재는 내세울 일이 아니라며 눈물을 흘리면서 극구 말렸다. 친족은 할 수 없이 그 뜻을 접었다고 한다. 1603년에 행의行義로 천거되어 참봉에 제수되었으나, 나아가지 않았다. 80세가 넘어서야 수직壽職으로 통정대부通政大夫에 가자加資되었다.

망우당공원에 있는 임란호국영남충의단

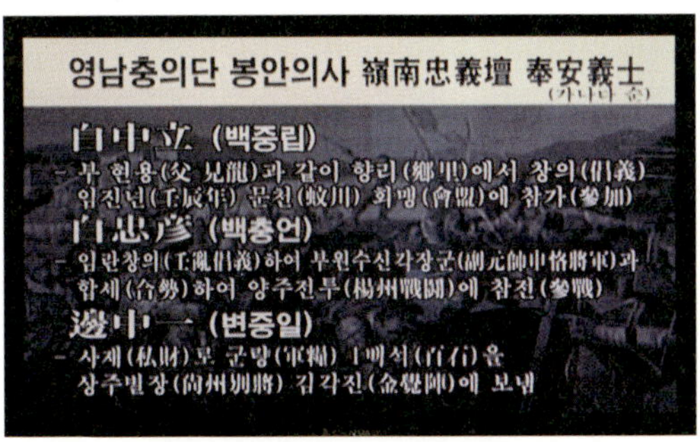

영남충의단 봉안의사 중 변중일

간재 변중일의 묘소

간재 변중일 묘비

간재종택 정문

광해조 때에는 자신의 선조가 나라로부터 하사받은 노비 30명이 김해에 살고 있음을 알고, 임금이 주신 것을 버릴 수 없다고 하면서 추노하려다가 무고를 입어 감금되는 일도 있었다. 인조반정 이후 1623년에 특명으로 사면되었으며 노비 100명을 하사받았다. 1649년 인조가 승하하자, 당시 간재는 늙어 몸이 쇠하고 그에 더하여 병을 앓고 있었지만 소식素食 하면서 상기喪期를 마쳤다. 이뿐만 아니라 인산因山과 소상小祥, 대상大祥 때에는 땅바닥에 엎드려 북쪽을 바라보며 통곡하기도 하였다.

그가 세상을 떠난 후 경상감사가 여론을 받아들여 간재의 충

정충효각

효 행적을 조사해 조정에 보고하였다. 1686년 5월 숙종 임금은 간재의 충효를 기리는 정문旌門(나라에서 충신·효자·열녀를 기리기 위해 세우는 붉은 문)과 각(정충효각旌忠孝閣)을 간재종택 앞에 세우게 하였다. 이듬해에는 금고琴皐서원에 제향되었다. 금고서원은 1661년(현종 2) 지방유림의 공의로 간재의 조부인 변영청의 학문과 덕행을 기리기 위해 창건하였으며, 1868년 흥선대원군의 서원철폐령으로 인해 훼철된 후 지금까지 복설되지 못하고 있다.

2) 간재簡齋의 서정抒情

간재 변중일의 삶과 생각은 그의 문집에 잘 드러나 있다. 그의 문집인 『간재집』은 상하 2권 1책으로, 1860년(철종 11) 후손 도신道新·정기正基 등이 편집·간행하였다. 권두에 이한응李漢膺의 서문이 있고, 권말에 이돈우李敦禹의 발문이 있다.

권1에는 시 47수를 비롯하여 장흥효張興孝·권항權沆·이휘일李徽逸 등 13인의 차운시 13수, 서書 5편, 기·제문 각 1편이 실려 있으며, 권2는 부록으로 류치호柳致皜 등이 기술한 행장·묘갈·묘지·행록·충효정문서·정려후기 등 저자의 일대기가 수록되어 있다.

시 47수 가운데 24수는 간재가 어떤 사물을 접하거나 일을 하고 난 뒤 자신의 심정을 묘사한 것이고, 5수는 그가 다른 사람의 시에 화和·차운次韻하여 지은 것이다. 나머지 18수는 그가 다른 사람에게 지어 준 시이다.

그가 다른 사람에게 지어 준 시는 그 제목이 증贈(7수), 정呈(7수), 기寄(3수), 상上(1수)으로 되어 있다. 관계의 친소親疏 또는 지위의 고하高下에 따라 제목을 달리 쓰고 있다. 예를 들어, 올림[上]이라는 제목이 붙은 시는 그가 자신의 스승인 경당敬堂 장흥효張興孝(1564-1633)에게 지어 준 것이다. 간재가 경당에게 이 시를 지어 주자 경당이 다시 간재의 시에 차운하여 시를 지었다. 이에 간재와 동문인 열두 사람이 간재와 경당의 시에 차운하여 시를 지었다. 그들은 만취당晩翠堂 권산립權山立, 석계石溪 이시명李時命, 진사 신상정辛象鼎, 부암鳧巖 이추李椎, 진사 권항權沆, 계호桂湖 권문욱權文郁, 행촌杏村 김시강金是杠, 류원지柳元之, 권상權鏛, 배인길裵麟吉, 권윤종權胤宗, 존재存齋 이휘일李徽逸 등이다.

그가 경당 장흥효 외에 시를 지어 준 사람은 진사 심항沈沆, 선전관宣傳官 김섭金燮, 고제후高悌厚(자는 순부順夫) 2, 이덕여李德輿, 선달先達 김징金澄, ㅇ효길孝吉, 별좌別座 한韓ㅇㅇ, 진사 권덕여權德輿 2, 선달 권현수權賢守, 수찬修撰 조趙ㅇㅇ, 아우(변우일邊又一), 정자正字 서상리徐常履 형제, 류첨柳襜(자는 정보正甫), 김경원金涇源, 이영문李榮文·이종배李宗培, 만취당晩翠堂 권산립權山立 등이며 성과 이름이 없는 사람에게 지어 준 시 1수가 있다. 이를 통하여 그가 사귄 사람들의 일부를 알 수 있다.

또 산성에서 북소리를 듣고 적과의 싸움을 다짐하며 적개심을 불태우는 「산성에서 밤에 북소리를 듣고[山城聞夜鼓]」를 비롯하여 「집 생각[思家]」·「아우에게[寄舍弟]」, 그리고 고제후高悌厚와 난후

간재 현판

의 처참한 심경을 주고받은 「고순천에게[贈高順天]」 등에서 보듯 그의 시에는 우국충정이 넘쳐흐른다.

편지[書]는 망우당 곽재우, 수찬 조趙○○, 고제후高悌厚, 이석병李石屛, 그의 아우 변우일邊又一에게 보낸 것이다. 이 가운데 「방어사 망우 선생께 올림[上防禦使忘憂先生書]」은 자신의 부상이 악화되어 개선하는 자리에 참석하지 못하는 것을 죄송스럽게 생각하며, 고향으로 돌아가 병을 치료할 수 있게 해 달라는 간절한 사연이 담겨 있어, 당시 전투의 상황과 진중의 사정을 참고하는 데 도움이 된다. 제문은 그의 형인 변희일邊喜一(1574–1635)의 제문이다.

「간재기簡齋記」는 자기의 호를 '간재'라고 한 이유를 설명하여 그가 평소 지니고 있던 뜻을 밝힌 것으로, 왜국의 침략을 받고도 국력이 부족하여 원수를 갚지 못함을 항상 통한스럽게 생각하여 자취를 거두고 숨어 산다는 내용이다. 후손 득룡得龍이 지은 행록行錄과 김방걸金邦杰이 지은 「충효정문서」에는 충효로 일관된 그의 생애와 표창表彰된 경위 등이 소상하게 적혀 있다.

그의 시는 대부분 분위기가 밝지 않다. 또 철리적哲理的이라기보다는 문학적이다. 그의 시 가운데에는 어떤 이치를 논하거나 자신의 주장을 내세우는 내용이 없다. 전원에서 한적하게 살기를 바라거나 주위에서 일어난 일을 정감적으로 묘사하고 있다. 또한 그가 의병활동을 하면서 경험하였던 일이나, 서울의 감옥에 갇혀 있을 때나 사면받고 난 뒤의 심정을 묘사하고 있다. 먼저 「국화를 읊음[詠菊]」이란 시를 들어 보면 다음과 같다.

가을 석 달 끝나려 하니 찬 서리 엉켜,	三秋將盡露凝涼
초목 모두 시든 때 황금색 국화 피었네.	草木多萎菊有黃
서리 바람에 떨어질 때 오히려 활짝 펴,	風霜搖落猶能秀
도연명이 국화에 붙인 깊은 뜻 알지라.	認得淵明寓意長

황국을 보고 읊은 시이다. 옛날 진나라의 도연명이 국화를 좋아하였듯이 자신도 국화를 좋아한다는 뜻이 담겨 있다. 서리가 내려 온갖 초목이 시들 즈음에도 국화는 서리에 아랑곳하지 않는다. 이처럼 간재는 오상고절傲霜孤節하는 국화의 절개를 자신과 동일시하고 있다. 다음의 「산성에서 밤에 북소리를 듣고[山城聞夜鼓]」라는 시는 자신이 의병으로 활약할 당시에 지은 것이다.

병영에서 놀라 일어나 성을 순찰하니,	驚起中營按察城
새벽녘 어디선가 작은 북소리 울리네.	五更何處擊鼙聲

동맹한 장사들 그 소리에 눈물 흘려,　　同盟壯士聽流涕
격분하여 왜군을 한번에 정벌하고파.　　憤切蠻酋願一征

그는 화왕산 전투에 참여하였다. 병영을 순찰하고 있을 때 어디선가 작은 북소리가 울린다. 위기 상황을 알리는 북소리이다. 위기를 불러온 주체는 말할 것도 없이 왜군이다. 왜군이 진격하여 오고 있어 비상非常을 거는 상황에서 동맹한 의병들이 눈물을 흘리고 있다. 의병은 정식으로 훈련받지 않은 사람들이어서 적군과 싸웠을 때 전사할 확률이 그만큼 높다. 이러한 때 자아, 곧 변중일이 용기를 내어 왜군들을 정벌하고 싶다고 하였다. 그의 「임진왜란이 끝난 뒤 성묘하니 느낌이 있어[亂後省墓有感]」라는 시는 임진왜란이 끝나고 난 뒤 조상들의 묘소에 성묘하면서 느낀 감정을 묘사하고 있다.

칠 년 만에 남쪽 오랑캐 물리친 뒤,　　七載南蠻攘斥後
적막한 시골 마을에 연기가 피어올라.　　蕭然村落有人煙
이때 성묘하니 감정이 북받치나니,　　此時省墓情何極
구천에 계신 선령들이 찾아오시리라.　　應是先靈格九泉

7년 동안의 전란이 끝나자 시골 마을에는 연기가 피어오른다. 전쟁 때문에 황폐해졌지만, 그래도 주민들이 안정을 찾아 가고 있다는 증거이다. 연기가 피어오른다는 것은 밥을 짓거나 음식을 장만하고 있다는 뜻이다. 어쩌면 전구轉句에서 읊고 있듯이 조상들의 묘소에 성묘하기 위한 제수祭需를 장만하면서 나는 연기일 수도 있다.

오랜만에 성묘하니 감정이 북받친다. 조상에 대한 죄송함과 다시 성묘할 수 있다는 안도감에서 우러나오는 감정이다. 비록 현실적으로는 불가능하지만 저승에 계신 선조들의 넋이 와 주실 것이라 그는 상상하고 있다. 이는 상상을 넘어서 그 자신의 바람이다. 그의 「중춘에 비 올 때[仲春雨中]」라는 시는 그가 자신의 집이 아닌 다른 곳에 있을 때 지은 시이다. 의병활동을 할 때 지은 것일 수도 있고, 서울에서 옥살이할 때 지은 것일 수도 있다.

추적추적 봄비가 밤새도록 내리나니,	春雨霏霏夜又朝
나그네 마음 도리어 쓸쓸하기만 해.	客牀心事轉蕭條
갑자기 초어樵漁의 흥이 일어나나니,	無端忽憶樵漁興
집은 남쪽 하늘 낙동강 가에 있다네.	家在天南洛水橋

봄비가 밤새도록 추적추적 내린다. 봄비는 만물을 생동하게 하는 비이다. 이 비가 농부들에게는 단비가 된다. 그러나 혼자 외로이 타향에 있는 자신에게는 이 빗소리가 서글프기 그지없다. 외로움에 더욱 사무치게 한다. 이럴 때 옛날 시골에서 나무하고 물고기 잡을 때 부르던 노래가 생각난다. 그만큼 고향 생각이 더 간절하다. 이처럼 이 시는 간재의 고향에 대한 향수鄕愁를 묘사하고 있다. 그의 시도 그의 할아버지인 변영청의 시처럼 조상에 대한 효도, 나라에 대한 충성, 고향에 대한 그리움, 형제간의 우애

가 주류를 이루고 있다. 다음의 「피리 소리를 듣고[聞篴]」는 통행 금지가 시작되었을 때 들려오는 피리 소리를 듣고 지은 시이다. 이 시 또한 객지에 있는 간재의 심정을 묘사하고 있다.

일경 삼점三點에 황혼이 걷히나니,	一更三點捲黃昏
집집마다 두런두런 이야기 소리 나.	百家家家兩兩言
한밤중에도 나그네 잠 못 이루어,	半夜客牀眠未得
밝은 달밤 긴 피리 소리 애를 녹여.	月明長篴又消魂

일경一更 삼점三點은 밤에 통행을 금지하기 위하여 종을 치던 일이다. 매일 일경 삼점에 종을 28번 쳤는데, 이에 따라 성문城門을 닫았다. 밤이 깊어 가자 이웃에서는 두런두런 이야기 소리가 들리고 그는 혼자 여관에 머물고 있다. 남들은 가족이 있어 이야기할 수 있지만 자신은 그러한 가족이 없다. 밤이 깊어 가고 밖에는 밝은 달빛이 비치고 있다. 달빛이 밝기는 하지만 그 느낌이 차갑다. 이는 햇볕이 따뜻한 분위기를 자아내는 것과는 다르다. 낮에는 양기가, 밤에는 음기가 성하기 때문이다. 이러한 때 어디선가 피리 소리가 들려온다. 일성호가一聲胡笳가 남의 애를 끊는다는 시조의 구절을 연상하게 한다. 그만큼 그의 마음도 편안하지 않았던 듯하다. 한편 「송악 만월대에 붙임[題松京滿月臺]」이라는 두 수의 시는 그 시기를 정확히 알 수 없지만, 간재가 고려의 옛 도읍지인 개성에 가서 지은 시이다. 한 수는 7언 절구이고 다른 한 수는 5언 절구이다. 그 시들을 들어 보면 다음과 같다.

잊었던 송악 아득히 먼 길 지나와, 忘卻松京道路賖
봄바람 불 때 옛 도읍지 찾아왔네. 東風來訪舊王家
오백 년이 지난 지금 아는 이 없어, 年經五百無相識
이곳 두른 산천만 예처럼 화려하네. 只帶山川昔日華

남쪽에서 필마에 채찍질하여, 南國一鞭馬
서경 천리 먼 길 찾아왔다네. 西京千里程
번화한 시절 누구에게 물으리, 繁華誰與問
석양에 그리운 정 못 견디겠네. 斜日不堪情

이 두 수의 시 역시 고려의 충신 야은冶隱 길재吉再가 읊었던 "오백 년 도읍지를 필마로 돌아드니, 산천은 의구한데 인걸은 간데 없다. 어즈버 태평연월太平烟月이 꿈이런가 하노라."라고 하는 시조를 연상하게 한다. 나라가 망하고 난 뒤 허물어진 옛 왕궁터를 찾아가 느낀 감회를 읊은 작품이다.

누가 지었건, 그 제재가 무엇이건 간에 회고시懷古詩는 비장미悲壯美 또는 감개미感慨美를 지니고 있다. 이 시 역시 그러하다. 그것도 두 번째 시에서처럼 영남에서 홀로 말을 타고 개성까지 간 나그네가 느끼는 정회는 이러한 감정이 더욱 짙다. 이 시에서는 시인이 서경西京에 왔다고 하였다. 서경은 일반적으로 평양平壤을 가리키지만 서경이 평양일 수도 있고, 서울의 서북쪽에 있는 개성일 수도 있다. 첫 번째 시가 개성에서 회고한 것이기에 두 번째 시도 개성일 가능성이 크다. 다음 몇 수의 시는 간재가 노비들을 찾으러 김해에 갔다가 도리어 노비들의 무고誣告로 서울 감옥에 갇혔을 때 지은 것으로 보인다. 먼저 「집 생각[思家]」이라는 시를 들어 보자.

집 떠나 천 리나 멀리 온 나그네,	離家千里客
일 때문에 머문 지 해 바뀌었네.	底事滯經年
고향 생각이 꿈속에서도 맴돌고,	夢繞鄕關裏
그리운 마음 해와 달 주변에 있어.	心懸日月邊
병든 아내 혼자서 괴로워할 테니,	病妻應自苦
어린 딸들 누가 가엽다 여기리오.	嬌女見誰憐
비색함이 다 지나면 태평해지나니,	否極換成泰
하늘은 본디 치우침이 없는 것을.	天公本不偏

고향집을 떠나 서울 감옥에 갇힌 지 한 해가 지났다. 그가 옥에 갇히게 된 경위는 앞서 서술한 바 있다. 그의 8대조인 총제總制공이 도적을 토벌하는 데 공을 세워 노비 30명을 특별히 하사받았는데, 그 노비들이 김해에 살고 있었다. 변중일은 임금이 하사한 노비들을 잃을 수 없다고 여겨 김해로 가서 이들을 찾으려 하였다가 도리어 노비들의 무고를 받아 옥에 갇히게 되었다. 그가 서울의 감옥에 갇힌 기간은 대략 3년이었다.

수련首聯 대구對句의 '해를 넘기다'는 의미의 '경년經年'은 한 해가 지났다는 것인지 아니면 그 이상인지 단정할 수 없다. 감옥에 갇힌 지 최소한 일 년은 더 지났다. '저사底事'는 어떤 일에 저촉이 되었다는 말이다. 간재는 감옥에 갇혀 있으면서도 고향에 있는 식구들을 생각한다. 병든 아내와 어린 딸들을 생각하니 마음이 괴롭다. 현재 자아에게는 희망이 없다. 그러나 희망을 포기하지는 않는다. 무슨 일이든 비색否塞이 다하면 태평이 오게 마련이다. 흥진비래興盡悲來가 아니라 비진흥래悲盡興來이다. 『주역』의 괘 가운데 열두 번째 괘가 천지天地 비괘否卦이고 열한 번째 괘가 지천地天 태괘泰卦이다. 우주의 운행은 쉬지 않고 변화한다. 이에 따라 사람들의 운세도 변하기 마련이다. 이 시에서는 영측盈仄의 이치를 들어 자기 스스로를 위로하고 있다. 다음의 「아우에게[寄舍弟]」라는 시는 간재가 자신의 아우인 변우일邊又一에게 보낸 것이다. 이 시 역시 그가 감옥에 갇혀 있을 때 지은 것으로 보인다.

산에 올라와 보니 나 홀로 슬퍼,	憑高獨怊帳
마음은 영남 하늘가로 내달리네.	魂入嶺南天
나그네 눈물 봄바람을 적시나니,	客淚東風滴
끝없는 슬픔 낙수처럼 이어졌네.	窮愁洛水連
매화 지는 모습 세 번 보았는데,	梅花三見落
편지는 두 번도 전하지 못했네.	魚雁兩無傳
언제나 맑은 시냇가에 앉아서,	何日清溪上
술잔 주고받다가 취하여 잠들리.	攜樽更醉眠
고향의 푸른 산은 멀기만 한데,	南國蒼山遠
봄바람 불 때 해 길기만 하다네.	東風白日長
무단히 3년간 나그네 신세라,	無端三載客
구곡간장에는 한이 서려 있다네.	有恨九回腸

첫 번째의 5언 율시에서는 자신의 심정을 관념적으로 묘사하고 있다. 수련首聯 출구出句의 내용처럼, 간재가 실제로 산 위에

올라간 것은 아니다. 머릿속의 생각을 묘사하고 있다. 그는 지금 죄수罪囚의 몸이기에 산 위에 올라갈 수가 없다. 상상을 통하여 고향 산천을 그리워하고 있다. 봄바람이 분다 하였으니 현재 계절은 봄이다. 고향을 생각하니 슬픔이 북받쳐 눈물이 흐른다. 그것도 낙동강 물처럼 눈물이 줄줄 흐른다. 간재는 자신이 있는 곳인 서울의 한강 물이 아니라, 낙동강 물이라는 표현을 써서 향수鄕愁를 더욱 강조하고 있다.

경련頸聯의 출구에 자신이 매화 지는 모습을 세 번 보았다고 하였다. 매화가 세 번 피고 졌으니 3년이라는 세월이 흘렀다. 이 3년 동안 아우에게 편지를 보낸 것이 두 번도 되지 않는다고 하였다. 그만큼 서로 연락이 되지 않았던 것이다. 미련尾聯에서는 자아 자신의 바람을 묘사하고 있다. 그의 희망은 큰 것이 아니다. 그저 고향의 시냇가에 앉아서 아우와 같이 술을 마시며 취하고 싶을 뿐이다.

두 번째 시도 첫 번째 시와 비슷한 내용이다. 기구起句와 승구承句에서는 고향을 떠난 심정을, 전구轉句에서는 감옥에 갇혀 있는 기간을, 결구結句에서는 자아 자신의 현재 심정을 묘사하고 있다. 3년 동안 감옥에 갇혀 있으니 구곡간장九曲肝腸에 한이 서려 있다는 것이다. 간재의 억울한 정회情懷를 묘사하고 있다. 이에 대하여 그의 아우인 변우일邊又一이 시를 지어 보냈다. 제목은 「아우가 보낸 시[舍弟呈韻]」이다. 그 내용을 들어 보면 다음과 같다.

두 눈 부릅뜨고 저 구름 가를 바라보니, 雙眸望盡杳雲邊
먼 곳에 계신 외기러기 언제나 돌아오나. 萬里孤鴻曷月旋
험하고도 위태로운 나날 헤아릴 수 없어, 險阻艱危無了日
근심에 병이 나서 죽을 날이 멀지 않아. 憂愁疾病少餘年
빈집 추녀 비온 뒤라 침상엔 찬바람이, 虛簷雨過凉生榻
해 저물녘 바람 거세고 냇가엔 눈이 가득. 暮渡風高雪滿川
이별한 회포 묘사하려니 간장이 타올라, 欲寫離懷腸已熱
끝이 없는 원망 푸른 하늘에 외쳐 본다네. 直將窮怨籲靑天

변우일이 자신의 형인 간재가 고향으로 돌아오기를 바라면서 지은 시이다. 두 눈을 부릅뜬다고 하였으니 형을 기다리는 아우의 심정이 얼마나 간절한지를 알 수 있다. 감옥에 갇힌 형을 생각하니 근심 때문에 수명이 단축될 것만 같다.

형이 없는 빈집에는 찬비와 맞물려 냉기가 흘러나오고 있다. 형에 대한 그의 간절한 정분이 잘 드러난다. 경련頸聯의 대구對句에서는 해가 저물어 간다고 하였는데, 여기서의 모暮는 하루해도 되겠지만, 한 해의 끝자락[歲暮]을 뜻한다고 보아야 한다. 한 해가 저물어 가는 섣달그믐에 눈보라가 몰아친다. 이러한 날씨처럼 변우일의 심정도 차갑기만 하다. 그만큼 이 시의 분위기는 절망적이다. 회포가 절망적인 이유가 미련尾聯에 나타난다. 형과 어쩔 수 없이 떨어져야 하기 때문이다. 자신의 형이 억울하게 옥살이하고 있으니 그 마음이 원통할 수밖에 없다. 다음의 「서울 달 밝은 밤에 아늑한 간재를 생각함[京城月夜思簡齋幽軒]」이란 시는 간재가 자신의 집인 간재簡齋를 생각하며 지은 것이다.

난간 밖엔 쓸쓸히 대숲이 우거졌는데,	軒外蕭森竹影陰
어느 곳이 운림인지 알지 못하겠네.	不知何處是雲林
밤하늘엔 반달 생각에 잠 못 이뤄,	殘宵半月思無寐
마음 알아주는 거문고 오히려 기뻐.	猶喜知心五尺琴

기구起句에서는 간재가 있는 주변의 배경을 묘사하고 있다. 그의 집 가까이에는 대숲이 있다. 봄이나 여름이면 대나무가 생기를 내어 좋지만 가을이나 겨울에는 대나무 숲이 쓸쓸하기만 하다. 찬바람이 불면 대숲에서 삭막한 소리가 들려온다. 대나무 가지와 가지가 서로 부딪히는 소리이다. 간재 난간 밖에 대숲이 있으니 어디가 운림雲林인지 분간하기 어렵다. 운림은 나무가 우거진 숲, 또는 구름이 끼어 있는 숲을 가리킨다. 이는 곧 처사處士가 은둔隱遁하고 있는 곳을 말한다. 이처럼 자신의 고향 집을 생각하면서 그곳에 머물고 싶은 생각을 이 시에서 묘사하고 있다. 그러나 현실은 그럴 수가 없다. 지금 그는 갇힌 몸이기 때문이다. 영어囹圄의 신세가 되었던 그는 마침내 그 굴레에서 벗어나게 된다. 「서울에서 기뻐 읊음[洛城喜吟]」이라는 시에서 그러한 정황을 알 수 있다.

어젯밤 사면령이 대궐에서 내려오니,	金鷄昨夜下丹霄
길가에는 다투어 성조라 전한다네.	道路爭傳値聖朝
옥에 갇힌 이 몸 놀라 기뻐하노니,	縲絏餘生驚喜極
거문고에 순임금 「남풍가」 읊어 보네.	南風吟詠舜琴調

이 시는 광해군 때 간재簡齋가 서울의 옥에 갇혔다가 인조반정이 일어나서 사면되었다는 소식을 듣고 기뻐서 지은 시이다. 금계金鷄는 사면령赦免令을 반포하는 조서가 내려졌다는 말이다. 금계金鷄는 머리를 황금으로 장식한 닭을 가리킨다. 『신당서新唐書』 권48 「백관지百官志」 3을 보면, 천계성天鷄星이 사면을 주관한다는 설에 의거해서, 사면하는 조서를 반포할 적에는 대나무에 금계를 매달아서 의장儀仗 남쪽에 세워 두었다는 고사가 전한다.

간재에게 생각지도 못한 일이 일어났다. 광해군이 물러나고 인조가 들어서면서 그에게 사면령이 내려진 것이다. 자신에게 사면령을 내려 준 임금이 마치 중국 상고시대 순임금처럼 보였을 것이다. 순임금의 음악인 「남풍가南風歌」를 읊는다는 것이 그것을 뜻한다. 『예기禮記』 「악기樂記」에, 순임금이 오현금五絃琴을 처음으로 만들어 「남풍가」를 지어 부르면서 "훈훈한 남쪽 바람이여, 우리 백성의 수심을 풀어 주기를. 제때에 부는 남풍이여, 우리 백성의 재산을 늘려 주기를[南風之薰兮 可以解吾民之慍兮 南風之時兮 可以阜吾民之財兮]"이라고 했다는 고사가 전한다. 간재가 만년에 지은 「생각을 서술함[述志]」이라는 시를 들어 보자.

옛사람 사모하는 나는 누구인가,	慕古是何人
오직 내 본성을 지키기 바랄 뿐.	庶幾守我眞
세상 바깥의 일일랑 말하지 않고,	莫論世外事
기꺼이 밭에 물 주는 농사꾼 되어.	甘作畎中身
어버이 여의어 효도하기 어려워,	親歿難爲孝

재주 없어 끝내 뜻 펼치지 못해.	才疏竟不伸
세상 나아가려던 건 옛 뜻일 뿐,	經營伊昔志
청춘은 다시 돌아오지 않을지니.	無復更青春

겸손한 표현이 있지만, 전체적으로 자신의 지나간 삶을 잘 대변하고 있는 것 같다. 간재는 자신이 타고난 본성을 지키며 옛것을 사모한다고 하였다. 이 시에서 그는 부모에게 제대로 효도를 하지 못했음을 자책하고 있으나, 실질적으로는 생전에 '하늘이 낳은 효자'라는 칭찬을 들을 정도로 남다른 효행을 실천해 주위를 감동시켰다. 그리고 나라에 대한 충성심도 각별하였다. 간재의 각별한 효행과 충성심은 당시 선비들의 귀감이 되었고, 그의 사후 119년이 지난 뒤 지역 유림은 간재의 충효 정신을 길이 전하고자 간재를 불천위로 모시기로 결정하였다. 이에 관한 기록이 전하고 있다. 간재는 이처럼 유림에 의해 불천위에 오른 과정이 기록으로 남아 있는 보기 드문 인물이다. 그의 행적은 김대진金岱鎭이 1815년에 지은 「간재 변공 묘갈명 병서簡齋邊公墓碣銘幷序」 가운데 묘갈명에 압축되어 있다. 처음과 끝에 충효를 드러내어, 그의 삶이 충효로 대변됨을 강조한다.

효라 하고 충이라고 함이,	曰孝曰忠
인륜과 천성에 있지만.	彝性則有
늘 간혹 엷고 두터움 있어,	常或厚薄
변화를 흔히 후세에 남겼네.	變多遺後

높으시도다! 오직 공公만은,   至哉惟公
어려서 뛰어난 조짐이 있어.   兆自知能
취학하여 먼저 『효경』 배웠고,   上學先經
약물을 구하니 정성 사무쳐.   求餌格誠
왜구가 제멋대로 쳐들어와,   倭寇橫突
안방까지 들이닥쳤을 때,   搶及閨堂
왜 도망가 숨지 아니했나,   曷不竄屛
병든 할머니 자리에 계셔서.   病耋在牀
머리 드리워 칼을 무릅쓰고,   垂髦冒刃
하늘에 대신 나를 죽여 달라.   祝蒼代躬
완명한 왜적들 마음 움직여,   遂動頑冥
감탄하고 칭찬해 마지않아.   嘆嗟有喁
인도 병상 옆 지키게 하고,   導合護側
신표 주어 후환 방지케 해.   標以防後
마침내 보전하여 위기 마쳐,   卒全危綴
참으로 하늘 조감해 도왔네.   實天鑑右
이 마음 미루어 옮겨야 하니,   推之可移
나라의 위기 마침내 급했네.   國危方劇
비록 떼풀 같은 몸일지라도,   縱以草茅
한 치 붉은 정성 어찌하리.   奈此寸赤
저장 쌀 다 풀어 군량 대고,   竭儲需軍
소매 떨쳐 병영에 투신했네.   奮袂投兵
진주晉州와 창녕성昌寧城,   晉壘昌城
전후로 의병과 동맹하여서.   前後同盟
가는 곳마다 죽을힘 다하니,   所在致死
공은 참으로 기대 어김 없었네.   公實無負
만년에 국상國喪 만났을 때,   晩遭遺弓
정성 다해 애소哀素하나니.   罄致哀素

예법이 원래 그렇다 하여,	禮固云然
바야흐로 몸소 보답하였네.	方親以報
오직 그 높은 행적 따르면,	循惟卓行
윤망倫網에 도움 될 만해.	可裨倫網
저 정려각旌閭閣을 지으니,	肆彼棹楔
번쩍번쩍 동리에 빛나네.	輝輝遺坊
그 묘도를 말하는 데 있어,	詹言墓道
그 빛을 숨길 수 있겠는가.	可祕其光
감히 내어 걸어 돌에 새겨,	敢揭以刻
영원히 후대에 밝게 보이니,	昭示無疆
어찌 공경히 절하지 않으리,	其拜以敬
여기는 충효자가 잠드신 곳.	忠孝之藏

이처럼 간재 변중일은 '하늘이 낳은 효자'라는 소리를 들을 정도로 효심이 각별하였을 뿐만 아니라 나라를 향한 충성심도 남달라 임진왜란과 정유재란 때는 전장에 나아가 생사를 돌보지 않고 싸웠다. 그의 효행과 충성심은 당시 선비들의 귀감이 되었고, 오늘날에도 여전히 그 정신이 이어져 오고 있다.

3 간재종가의 후손들

간재종가는 간재 변중일 이후로 400여 년을 금계에 세거하면서 많은 인물을 배출하였다. 여기에서는 변중일의 후손을 중심으로 드러난 인물들을 살펴보고자 한다.

변규건邊奎建(1838-?)은 변정구邊正龜의 아들로, 자는 춘오春五, 호는 만치萬痴이다. 변중일에게는 8대손이 된다. 서산西山 김흥락金興洛의 문인이며 수직壽職으로 통정대부通政大夫가 되었다. 옛것을 흠모하는 높은 뜻이 있어서 세상의 일에 신경쓰지 않았으며, 위선사爲先事에 힘쓰고 주희의 저작著作에 잠심潛心하였다고 한다. 저서로 『오상칠정변五常七情辨』을 남겼다. 임기응변에 탁월한 말솜씨는 가는 곳마다 사람들을 웃기고 놀라게 하니 명망이 널리 알

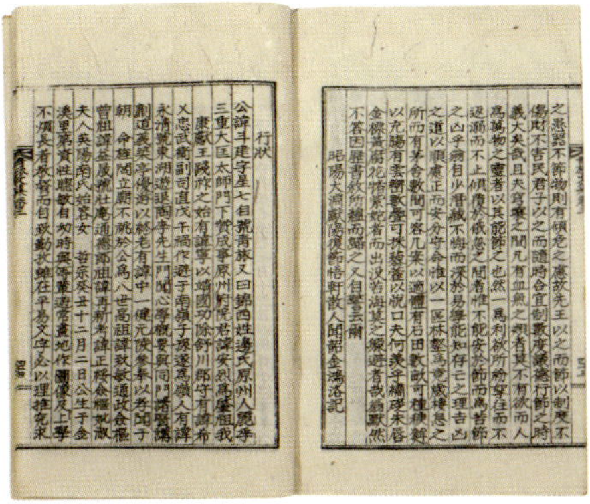

『청려문집』(한국국학진흥원 제공)

려져 호걸사豪傑士 변춘오邊春五로 불렸다고도 한다.

변두건邊斗建(1853-1941)은 변중일의 8대손으로, 자는 칠성星七, 호는 청려靑旅이다. 『역경易經』을 공부하고 여러 학설을 연구하여 『이학수법사상理學數法四象』 6권을 지었다. 이로 인해 세상 사람들이 '변주역邊周易'이라 불렀다. 1896년(고종 33)에 안동·의성·청송 등지에서 의병이 봉기하자 동참하였다. 그는 안동부사 홍종영洪鐘榮과 상의한 뒤 서울로 올라가 김가진金嘉鎭 등과 권세연權世淵의 의병진영에 가담하여 예안·영양 등지에서 유격장으로 활약하였다. 하지만 이 의병창의는 일제의 진압으로 실패하고 말았다. 1906년에는 정릉참봉貞陵參奉에 제수되었다. 국권이 상실된 뒤에는 이상룡李相龍 등과 만주로 건너갈 계획을 세웠으나 일본의 압력으로 뜻을 이루지 못하였다. 이후에는 교육활동을 통해 독립정신을 함양하고자 하였다. 문집으로 『청려문집靑旅文集』이 있다.

변홍건邊弘建(1864-1928)은 변정주邊正周의 아들로, 자는 경춘景春, 호는 만주晩洲이다. 변중일의 8대 종손이자 현 종손의 증조부가 된다. 어려서부터 효성이 지극하여 부친이 토사곽란을 만나 밤중에 약을 구해 올 때 호랑이가 길을 인도했다는 이야기가 전한다. 『동호정기東湖亭記』에 따르면, 변영청이 처음 지었던 동호정을 변홍건과 변두건邊斗建이 함께 주관하여 중수하였다고 한다.

변성한邊聖漢(1903-1989)은 변두건의 손자로, 변중일의 10대손이다. 자는 학수學洙이다. 어려서 홀로 일본으로 건너가서 히로시마현(광도현廣島縣)의 홍문중학교를 졸업하였다. 의병활동을 하던 조부의 뜻에 따라 항일운동을 하였는데, 일본 경찰에 쫓겨서 만주로 건너갔다. 통화通化의 사도학교를 수료한 후 교육활동에 매진하여 1932년부터 1945년까지 만주사도학교 훈도교장을 역임하였다. 후에 귀국하여 1947년 길송국민학교吉松國民學校 교장에 임명된 후 안동의 평촌·대흥·동계·묵계국민학교, 청송의 청남국민학교 교장을 역임하였다.

변용대邊用大(1908-1994)는 변석인邊錫仁의 아들로, 변중일의 10대 종손이다. 자는 응집應執이고, 호는 백하白下이다. 안동, 포항 등지에서 관재서장을 지냈으며, 신우대학을 설립하여 초대 회장을 지냈다. 흥업주식회사 사장과 안동시 노인 회장을 역임하였다.

---

1) 동호 변영청을 다룬 이 절은 권진호의 「東湖 邊永淸의 삶과 시세계」(『안동청년유도회 창립 30주년 기념 학술강연회: 16세기 안동지역의 문학과 학문 '花山三傑'을 중심으로』, 안동청년유도회, 2017)를 바탕으로 서술하였음을 밝혀 둔다.

제 3 장

간재 종가의 건축물

간재종가의
건축물

1 동호정東湖亭

동호정은 본래 동호東湖 변영청邊永清이 1552년(명종 7)에 안동 법흥리法興里 임청각臨淸閣 이가정二可亭 바로 위에 세운 정자이다. 현재는 안동시 서후면 금계리에 있는데, 1926년에 이곳으로 옮겼다. 임청각은 변영청의 처조부인 이명李洺이 세운 집이다. 이곳은 임진왜란 때는 군수물자를 조달하는 기능을 하였고, 한말에는 석주 이상룡이 태어나서 독립운동을 전개하기도 한 곳으로 유명하다. 변영청은 이명李洺의 아들인 이요李耀의 딸에게 장가들면서 임청각과 인연을 맺었다. 동호는 먼저 종가宗家가 있는 서후면에 거처할 곳을 정해 놓고, 처가인 이곳에 벼슬을 그만두고 한가롭게 지내기 위해 따로 정자를 세운 것이다.

항공 촬영한 동호정 ▲

임청각 ▼

1552년에 강호에 물러나 거처하면서 백성을 근심하고 나라를 염려하니, 마치 범공范公(범중엄)이 동정호洞庭湖의 악양루岳陽樓에 있을 때와 같이 하였다. 범중엄范仲淹(989-1052)은 강소성江蘇省 소주蘇州 출생으로, 자는 희문希文, 시호는 문정文正이다. 인종仁宗의 친정親政이 시작되자 부름을 받아 중앙에서 간관諫官이 되었다. 그러나 그 무렵 곽황후郭皇后의 폐립 문제를 놓고 찬성파인 재상 여이간呂夷簡과 대립해 동정호로 쫓겨나게 되었다. 그가 지은 「악양루에 올라 기록함[登岳陽樓記]」의 끝부분을 보면 다음과 같다.

외물 때문에 기뻐하지 아니하며,	不以物喜
자기 때문에 슬퍼하지 아니하며,	不以己悲
조정에서 높은 지위에 있으면,	居廟堂之高
그 백성들을 걱정하고,	則憂其民
강호의 먼 곳에 지내고 있으면,	處江湖之遠
그 임금을 걱정하니,	則憂其君
이는 나아가도 또한 걱정하고,	是進亦憂
물러나도 또한 걱정하는 것이니,	退亦憂
그렇다면 어느 때에 즐거울 것인가.	然則何時而樂耶
그 반드시 말할 것이니,	其必曰
세상의 근심을 먼저 걱정하고,	先天下之憂而憂
세상의 즐거움을 나중에 즐거워하리.	後天下之樂而樂歟

변영청은 범중엄의 '조정에서는 백성들을 걱정하고 강호에서는 군주를 걱정하며, 세상의 근심을 먼저 걱정하고 세상의 즐거움을 나중에 즐거워하겠다.'는 모습에 경도되었다. 그 역시 조정

에 있을 때는 백성들의 고통을 먼저 걱정하였고, 동호정에서 생활할 때는 나라 걱정에 잠을 못 이루었기 때문이다. 그가 동호정에서 지은 「동호정에 붙임[題東湖]」이라는 시를 들어 보면 다음과 같다.

푸른 산의 주인은 그 누구이던가, 　　青山誰作主
낙동강은 끊임없이 앞으로 흐르네. 　　洛水又前流
바위 위 한가로이 시 읊는 나그네, 　　磯上閒吟客
흰 갈매기만 서로 따라 노닌다네. 　　相從是白鷗

이 시는 동호정에서 내려다보이는 낙동강의 한 지류인 동호를 바라보면서 읊은 것이다. 동호정 앞을 끊임없이 흘러가는 낙동강 물을 바라보면서 자갈 위를 걷자니 때마침 백구가 날아드는 모습을 스케치하고 있다. 임금과 나라 걱정으로 아파하는 심정을 아무도 몰라주었는데, 하찮은 미물인 백구가 알아주고 이해해 주고 있음을 시사하고 있다. 얼핏 보기엔 강호한정적인 시로 느껴지나 깊이 들여다보면 고뇌하고 염려하는 시인의 마음이 배어 나온다. 다음은 「비 올 때 난간에 기대 우연히 지음[倚軒逢雨偶述]」이다.

병 많은 이내 몸 뉘와 짝하리, 　　多病人誰伴
능력 없어 세상과도 어긋났네. 　　無能世所違
동호엔 봄날이 저물어 가는데, 　　東湖春暮裏
꽃비가 부슬부슬 내리고 있네. 　　花雨過霏霏

을사사화(1545)를 계기로 문정왕후의 세력을 등에 업은 윤원형 일파의 소윤小尹이 윤임尹任 등의 대윤大尹을 몰아내고 정권을 장악하였다. 이들은 백성들과 국가를 위한 정책보다는 권력에 대한 집착과 재물 축적에만 눈독을 들이면서 갖은 횡포와 포악성을 드러내었다. 이 작품 역시 동호가 정직正直과 불굴不屈의 강건한 모습으로 맞서다가 미움을 받아 낙향한 이후에 지은 것으로 보인다. 국가의 안녕과 백성들을 위한 정책을 제대로 펴지 못하고 권력싸움에서 밀려난 자신을 무능하다고 여기면서, 늦은 봄날 비에 맞아 떨어지는 꽃잎을 보고 나라와 백성들 걱정에 더욱더 안타까워하고 있다.

변영청이 죽자 임청각에 머물던 숙인淑人 철성이씨와 자손들은 원주변씨 입향조의 터전이자 동호의 구택이 있는 번계樊溪의 전장田庄으로 돌아가 거처하게 되었다. 그 후로 정자亭子 역시 황폐해져 그 당시 동호가 명승을 구경하느라 떠나지 못하고 머뭇거리던 자취와 동호東湖에서 자득自得하던 맛을 상세히 알 수 없게 되었다.

그 뒤 줄곧 중건하지 못하다가 후손 청려靑旅 변두건邊斗建(1853-1941)과 만주晩洲 변홍건邊弘建(1864-1928) 등이 임청각 옛터에 동호정을 중건하고자 하였다. 그러나 옛터는 시대가 오래되어 그곳이 어딘지 징험할 수조차 없게 되었다. 그래서 변영청의 세거지에 동호정을 중건하기로 결정하였다. 옛집에서 서쪽으로 수백 보 떨어진 곳에 바위 기슭이 평평하여 서너 기둥을 안배按排할 수가

동호정

동호정 현판

있었다. 이에 마침내 뜻을 정하여 병인년(1926) 늦봄에 집을 짓고 담장을 쌓으니 열흘도 안 되어 완성되었다고 한다.

모두 세 칸인데, 가운데는 당堂으로 하고 동쪽과 서쪽은 온돌방으로 하였으며, 앞에는 툇마루 반 칸을 두어 주변 경관을 조망眺望할 수 있게 하였다. 또한 담장을 수 길이나 두른 것은 짐승이나 사람들이 함부로 짓밟는 것을 막기 위해서였다.

비록 계산溪山과 천석泉石이 빼어나고 특별한 경치는 없지만, 퇴적된 가시덤불은 베어 내고 정돈하여 상쾌한 맛이 있게 되었고, 우물물이 막혀 폐해진 것을 소통시키고 깨끗이 씻어 다른 곳으로 새지 않도록 하고는, 물을 끌어다가 네모난 못을 만들어 달빛과 정자의 그림자가 서로 잠겨 있게 하였다. 주위 배경과 풍광이 법흥동의 것과는 사뭇 다르지만 옛날의 실상을 근거로 예전처럼 '동호정'이라고 편액하였다. 법흥동에 있었던 동호정의 모습과 흥취를 조금이나마 맛볼 수 있도록 연못을 만들었다. 그 뒤 원래의 흔적이 없어졌다가 최근에 연못의 옛 모습을 재현하였다. 그곳에는 물고기 떼가 놀고 부들 잎이 자라고 맑은 물이 고여 있어 동호정의 원래 운치를 자아내고 있다.

동호정 기문인 「동호정기東湖亭記」를 지은 사람은 동호의 11대손인 변석흠邊錫欽과 김형모金瀅模이다. 먼저 변석흠이 지은 기문을 보자.

동호정 전경

동호정은 옛날에는 안동부 동쪽 법흥리에 있었는데, 시대가 멀어질수록 점차 허물어졌다. 그 지역 사람들은 호숫가의 별장을 근거로 삼고자 하였지만, 확연히 증거 삼을 만한 것이 없었다. 병인년(1926) 봄에 여러 친족들이 금계金溪 옛터에 중건重建하기로 합의하니, 대개 선조(변영청)께서 거니시던 곳이다. 이에 벽에다 옛 이름을 걸고 도리에다 원운原韻을 새겼다. 향기로운 자취를 남김은 피차(법흥리와 금계) 다름이 없지만 다만 경물과 시어가 부합되지 않아 당일 명승지를 점친 뜻을 저버린 셈이 된다. 그러나 후손이 선조를 그리워하는 사사로움을 거칠게나마 펼 따름이다.

11대손 석흠錫欽이 손을 씻고 공경히 기문을 짓다.

김형모가 지은 기문은 그 내용이 비교적 자세하다. 그 내용을 보면 다음과 같다.

동호東湖 변 선생邊先生께서는 천등산天燈山 아래 번계리樊溪里에 거처하실 집을 정정하셨다. 얼마 안 되어 또 동호東湖 위에 정자를 따로 마련하셨는데, 관직을 그만두시고 양한養閑하는 집으로 삼아 스스로 범희문范希文(범중엄, 989-1052)의 강호江湖의 근심에 기탁하고자 함이었다.

동호가 죽은 뒤 자손들이 번계樊溪의 전장田庄으로 돌아가 거처하게 되자 정자亭子 역시 그에 따라 황폐하게 되었다. 무릇 그 당시 명승을 구경하느라 떠나지 못하고 머뭇거리시던 자취와 호산湖山에서 자득하셨던 취향은 상세히 알아볼 수 없게 되었다. 후손 두건 등이 이에 깊이 한탄하여, 옛 모습을 회복하여 갱장羹墻의 독실한 뜻을 부치고자 하였다. 그러나 호산湖山의 옛터는 시대가 오래되어 징험할 수가 없었다. 유독 번계樊溪의 한 구역만이 선생께서 세거世居하신 전장田庄이 됨에, 이 땅에다 선생의 뜻에 따라 단장하는 것도 유적이 됨에 해롭지 않았다.

그리하여 옛집에서 서쪽으로 수백 보 떨어진 곳에 바위 기슭이 평평하여 서너 기둥을 안배按排할 수가 있었다. 이에 마침내 뜻을 정하고 집을 짓고 담장을 쌓으니 열흘도 안 되어 정사精舍가 완성되었다. 모두 세 칸인데, 가운데는 당堂으로 하고, 동쪽과 서쪽은 온돌방으로 하였으며, 앞에는 툇마루 반 칸을 두어 조망眺望할 수 있게 하였다. 담장을 수 길이나 두른 것은 함부로 짓밟는 것을 막기 위함이었다. 마침내 방牓을 붙이기를 '동호정東湖亭'이라 하였다. 후손 용범鎔範과 석주錫柱를 시켜 나(형모瀅模)에게 와서 부탁하기를, "우리 조상의 정자가 이미 완성되었습니다. 비록 계산溪山과 천석泉石이 빼어나고 특별한 경치는 없지만 퇴적된 가시덤불은 베어 내고 정돈하여 상쾌한 맛이 있게 되었고, 우물물이 막혀 폐해진 것을 소통시키고 깨끗이 씻어 다른 곳으로 새지 않도록 하고서, 물을 끌어다가 네모난 못을 만들어 빛과 그림자가 서로 잠겨 있게 하였습니다.

무릇 이 유상幽賞과 아취雅趣는 우리 정자에 들어온 사람들은 저절로 그것을 얻을 것이므로 꼭 기문記文이 있어야만 드러날 것은 아닙니다. 다만 이 정자가 옛날에는 동호東湖 위에 있었습니다. 그리하여 이 편액을 건 것이니 대개 그 실상을 근거로 해서 이름을 붙인 것입니다. 지금 그 실상이 없어졌는데 이 이름(동호정)을 그대로 고집함에 혹 후세 사람들이 의혹을 갖게 될까 걱정스럽습니다. 부디 집사執事께서 뜻을 발명하여 주시기 바랍니다."라고 하였다.

내가 말하였다.

"그렇다. 그대의 말이 정성스럽구나. 선생께서 스스로 붙이신 뜻으로 말한다면 어찌 이것에만 그칠 뿐이겠는가? 선생께서는 총명하신 자질과 호걸스러운 재주로 일찍부터 퇴계 노선생(이황)에게 나아가 글을 배웠다. 그리하여 문하의 여러 현자賢者들과 더불어 왕복 수창酬唱하였기에 기대하고 추장하는 것이 매우 중하였다. 그러다가 벼슬길에 나아가고서 조정에 오르자 당시의 명망이 우뚝 성하여, 장차 세상에 대해 무언가 장대한 일을 할 듯하였다. 하지만 조정 의론이 어그러지고 권간權奸이 시기하고 질투하므로, 마침내 강호에 물러나 거처하며 백성을 근심하고 나라를 염려하시니, 마치 범공范公(범중엄)이 동정호洞庭湖의 악양루岳陽樓에 있을 때와 같이 하셨다. 만년에 이르러 지기知己의 추대를 입어, 벼슬길에 나아가 나라의 중대사를 의논하고 계획하는 반열에 처하심에 있어서는 정직하게 꺾이지 않으셨고, 외직에 나가서 백성과 사직의 부탁을 담당하심에 있어서는 청백으로 스스로를 격려하셨다.

일찍이 벽에다 쓰시기를 '나는 차라리 이 몸을 저 호수에서 씻어 비린鄙吝함을 제거하련다.'라고 하셨다. 이 서너 구절의 말은 대개 선생께서 도가 행해질 수 없음을 아시어 마음에 돌이켜 스스로를 새롭게 하고자 하는 의도이신데, 이런 선생님의 뜻이 어찌 만나는 상대에 따라 뜻을 바꾸고 옮겨 한 시대의 시선에 합치되기를 구한 것이겠는가? 또한 비록 고사를 들어 말한다 해도, 염계濂溪(주돈이)의 별호는 특별히 노봉蘆峰의 꼭대기에 시행되었고, 자양紫陽(주희)의 문장은 건안建安의 집에서 다시 현양하였으니, 이것 또한 후인들이 근거로 삼을 만한 바가 있다.

「동호정기」

亭舊在府東法興里世遠而廢
并其地爲人據湖上別業廓然
無憑歲丙寅春諸族合謀重建
于全溪舊址蓋爲 先祖杖屨
之所也仍揭舊號於壁刻原韻
於楣容躅之遺雖無彼此之異
但境物與詩語幻沒負當日占
勝之意然祖仲孱孫寓慕之私
云爾
十一代孫錫欽盥手敬識

「동호정운」

지금 제군들이 만일 정자를 지은 책무를 다하려고 한다면, 이것으로 대사大事를 삼지 말고 오로지 날마다 성신省身과 극기克己의 가르침을 일삼고 마음을 씻고 덕을 닦는 공부에 뜻을 두어, 동호東湖의 벽 위에 제題한 것이 선생께서 스스로를 새롭게 하고자 하신 의도에만 그치지 않게 한다면, 선조의 뜻을 잇고 후손에게 덕을 충분히 끼치려는 업적과 정관亭館을 수선修繕한 공명功名이 진실로 또한 어떠하겠는가?

나는 기문記文을 지어 달라는 제군들의 부탁에 대해 감히 다른 말은 하지 않겠다. 이 말을 반복하여 고인께서 집을 완성하신 송축頌祝을 본받기 바란다." 마침내 이렇게 기記를 쓴다.

병인년(1926) 동짓날에 후학 문소聞韶 김형모金瀅模(1856-1930)가 삼가 기문을 짓고, 방후손 진성眞城 이수걸李秀杰(1877-1963)이 삼가 글씨를 쓰다.

현재 동호정 옆에는 기념비가 세워져 있는데, 2018년 10월 27일에 동호 변영청 선생 탄신 500주년을 기념하여 학술발표를 하고 세운 것이다. 변영청의 수양과 강학 공간에서 이러한 행사를 개최하였다는 점에서 의미가 있다. 기념비 비문은 전 성균관부관장 김창회가 찬하고 삼여재 김태균이 제자하고 서예가 권기영이 비문을 썼다. 그 비문을 한글을 병기하여 소개하면 다음과 같다.

동호 변 선생 탄신 오백 주년 기념 비문

東湖邊先生誕辰五百周年紀念碑文

영가부서永嘉府西의 천등산天燈山 자락 금계하리金溪下里 금고琴皐 언덕에 천년불패지지千年不敗之地로 알려진 간곤艮坤의 명당明堂은 원주변씨原州邊氏의 세거지世居地이다. 그 북서北西 일리허一里許에 산수山水가 명려明麗한 번계

樊溪 후산後山에 용호龍虎가 조화造化를 이룬 묘유향배卯酉向背의 동호정東湖亭은 왕석往昔 동호東湖 변영청邊永清 선생先生의 유풍遺風이 스며 있는 유서由緖 깊은 곳이다.

선생先生은 조선조朝鮮朝 명선 연간明宣年間의 문신文臣으로 퇴계 선생退溪先生을 사사師事하였으며 사림士林에서는 화산삼걸花山三傑로 추앙推仰하는 어른이시다. 선생先生의 자字는 개백開伯, 호號는 동호東湖, 본관은 원주原州이며 고려말高麗末의 영삼사사領三司事로 원주부원군原川府院君에 봉封해진 휘諱 안렬安烈은 상조上祖이시다. 이세二世 휘諱 이顚는 좌군도총제左軍都摠制 등을 역임歷任했으며 삼세三世 휘諱 차희次熹는 첨지중추부사僉知中樞府事로 첨추공파僉樞公派 파조派祖이다. 사세四世 휘諱 녕寧은 세조조世祖朝에 정국공신靖國功臣으로 서천군수舒川郡守를 역임하였으니 공公의 증조曾祖이며 왕고王考 휘諱 희예希乂는 종형從兄 집의공執義公 희리希李와 함께 무오사화戊午士禍를 피해 낙남落南하여 은둔隱遯하였다. 고考의 휘諱 광廣은 안동安東 입향조入鄕祖로 생원生員이며 비妣는 안동권씨安東權氏 증판서贈判書 철경哲經의 따님이다. 중종中宗 병자丙子 오월五月 초삼일初三日에 태어나시니 천자天資가 총명聰明하고 슬기로워 어른들의 칭찬을 받았으며 장래將來가 촉망되었다.

명종明宗 병오丙午에 사마시司馬試에 입방入榜하고 1549년一五四九年 기유己酉에 문과급제文科及第하였으며 병조좌랑兵曹佐郎을 거쳐 사헌부지평司憲府持平으로 재임在任 당시 권간權奸을 배척하는 상소上疏를 올렸다가 파직罷職당하였다. 이에 강호江湖에 물러앉아 처향妻鄕 임청각臨淸閣 옆에 정자亭子를 세우고 '동호東湖에 몸을 씻는다' 하여 동호東湖로 편액扁額하였으며 유유자적悠悠自適하였다. 동문同門 백담柏潭 구 선생具先生의 천거薦擧를 받아 홍문관부교리弘文館副校理에 복직復職되고 사헌부집의司憲府執義에 등용되었으며 외직外職으로 의흥義興 남원南原 대구大邱 청송靑松의 수령守令을 역임하면서 의불경세衣不輕細하고 식불중미食不重味의 절검생활節儉生活로 청백선치淸白善治하는 치적治績을 평가評價받아 명종대왕明宗大王의 표리表裡와 안마鞍馬를 하사下賜받았다. 이임移任할 때의 행리行李는 씻은 듯하고 말 한 필과 가동家僮 한 사람으로 가난한 선비의 차림이라 백성百姓과 아전衙前들이 민망히 여겨 삼백 냥三百兩의 돈을 거두어 드리니 선생先生이 웃으며 말하기를 '그대들의 뜻은 고마우나 내가 부당不當한 것을 받을 수 없다.' 하고 물리쳤다. 공公의 저서著書 동호집東湖集에 한시漢詩가 다수多數 전傳하는데 목민관牧民官으로서 백성百姓을 사랑하는 애민정신愛民精神이 고스란히 녹아 있다.

내직內職으로 들어가 사간원헌납司諫院獻納, 사헌부장령司憲府掌令과 상의원정尙衣院正을 역임하고 집의執義에 재임용再任用되었으나 친병불부親病不赴하였다. 조정朝廷에서 함께 생활生活한 동경우同庚友로 상신相臣 심수경沈守慶을 비롯한 귀촌龜村 류공柳公 경심景深, 성남星南 장공張公 문보文輔 등 범凡 삼십여 인三十餘人이 시절연유時節宴遊하고 길흉상조吉凶相助하니 사람들은 일시명류一時名流의 모임이라 칭찬하였다.

무인戊寅에 대부인상大夫人喪을 당하여는 한서불폐寒暑不廢하고 매일每日 성묘省墓하였으며 2년二年이 지난 경진庚辰 7월七月 25일二十五日 서세逝世하니 향년享年 65세六十五歲였다. 가음곡佳蔭谷 간좌艮坐에 안장安葬하였다. 배配는 고성이씨固城李氏로 임청각臨淸閣 이명李洺의 장자長子인 현감縣監 요曜의 따님으로 숙행淑行이 있었으며 14년十四年 후에 졸卒하고 부좌祔左로 장례를 치루었다. 아드님인 경장慶長은 생원生員이고 다음은 경남慶南, 경시慶時이며 따님은 김낙도金樂道, 권계權棨, 권책權策의 배필配匹이니 모두가 진사進士이고 손자孫子는 희일喜一, 중일中一, 우일禹一이 있는데 중일中一은 충효정려忠孝旌閭가 내려 불천위이며 여餘는 불록不錄한다.

공公은 선사先師와 왕복往復한 서찰書札과 중요重要 자료資料가 있었으나 임란壬亂의 병선兵燹으로 소실燒失되었으니 이는 후손後孫과 사문斯文의 불행不幸이다. 10세손十世孫 두건斗建, 홍건弘建이 구정舊亭의 황허荒墟를 개탄慨嘆하고 종중宗中의 뜻을 모아 선조先祖의 유촉지遺躅地에 옮겨서 중건重建하니 1926년一九二六年 병인丙寅이다. 무술 계하戊戌季夏의 어느 날 선정先亭 앞에 탄신오백주년기념비誕辰五百周年紀念碑를 세우고자 하면서 추진임수推進任首 현예賢裔 상호相浩 성렬聖烈 보甫가 자료資料를 간추려 빗글을 청請하였다. 창회昌會는 불문不文이라 고사固辭하였으나 뜻을 거두지 않는지라 참례僭禮를 무릅쓰고 위와 같이 기록記錄하며 삼가 명銘을 드린다.

동호변선생탄신오백주년기념비

기념비 제막 광경(간재종가 제공)

대은선생大隱先生 높은 절의節義 원원류장遠源流長 흘러내려
동호공東湖公의 청백선치淸白善治 표리안마表裡鞍馬 내리셨네.
형직영직形直影直 깊은 이치理致 만고불변萬古不變 철언哲言이라
선정수보先亭修補 아름답다 운잉雲仍들은 번연繁衍하리.

2018년 무술戊戌 오추절梧秋節 상현上弦
전 성균관부관장前成均館副館長 안동安東 김창회金昌會 근찬謹撰
제자題字 의성義城 김태균金台均 근서謹書
비문碑文 안동安東 권기영權基永 근서謹書

문중에서는 기념비를 세우는 한편, 동호 변 선생 탄신 500주년을 기념하기 위해 한국국학진흥원에서 『동호선생문집』을 국역하였다. 아울러 동호 선생 선영 아래에 위치한 희곡재사(2016)의 구 재사를 110년 만에 철거하고 중건하였으며, 동호정(2012)을 대수리하여 정비하였다.

간재종가의
건축물

2 간재종택

간재종택이 자리한 곳은 경상북도 안동시 서후면 금계리이다. 이곳 금계리에는 의성김씨 학봉종택이나 안동장씨 경당종택 등 여러 문중들의 종택이 있다. 그만큼 풍수지리적으로 길지이고 살기 좋은 곳이다. 간재종택의 건립 시기는 정확히 알 수 없고, 여러 정황으로 보건대 17세기 초반이나 중반에 처음 지어졌을 것으로 여겨진다. 다만 예전에 지은 건물은 훼손되었고, 현재 남아 있는 건물은 전체적으로 19세기를 전후한 시기의 건축 양식이 주류를 이룬다. 이 건물은 현재 경상북도 민속자료 제131호로 지정되어 있다.

봉정사로 가는 도로 옆에 원주변씨 간재종택과 충효문忠孝門

간재종택 표지석 ▲

간재종택 원경 ▼

표지석이 서 있고 좁은 길을 따라 들어가면 홍살문이 서 있다. 그 입구에는 조그마한 연못과 금학정琴鶴亭이라는 이름이 붙어 있는 정자가 있다. 지세가 거문고를 닮았고, 앞에 학가산이 있어 금학정이라 이름을 붙였다. 거문고와 학에서 이름을 따온 금학정은 고고한 선비의 삶을 뜻한다. 이를 통하여 간재와 그 선조 및 후손들에게 내려온 정신을 알 수 있다. 금학정 밑에는 연못이 있다. 이 연蓮도 송나라 주돈이周敦頤가 "나는 유독 진흙탕에서 나왔지만 그에 물들지 않고, 맑은 잔물결에 씻기면서도 요염하지 않고, 줄기 속은 텅 비어 통하고 겉은 곧으며, 덩굴도 가지도 뻗지 않고, 향기는 멀수록 더욱 맑고 우뚝이 해맑게 서 있어 멀리서 바라볼 수만 있고 가까이 가서 가지고 놀 수 없는 것을 사랑한다.[予獨愛出於淤泥而不染 濯清漣而不夭 中通外直 不蔓不枝 香遠益清 亭亭淨植 可遠觀而不可褻翫焉]"(『고문진보』 후집 권10)라고 하여 꽃 가운데 군자라고 한 뜻을 깊이 담고 있다.

오른쪽 현판은 2013년 금학정을 짓고 난 뒤 본관이 안동인 김창회金昌會가 지은 기문 「금학정기」이다. 한자로 된 것은 한글과 한자를 병기하여 그 내용을 옮기면 다음과 같다.

금학정기琴鶴亭記

복주부면福州府面에 수려秀麗한 천등산天燈山 지맥支脈이 서남西南으로 뻗어 내려 금계하리金溪下里를 형성形成하고 금고琴皐의 숙기淑氣 어린 구릉丘陵이 병풍처럼 둘러섰으며 송야천松夜川의 맑은 물이 띠를 두르듯 감돌아 낙

금학정

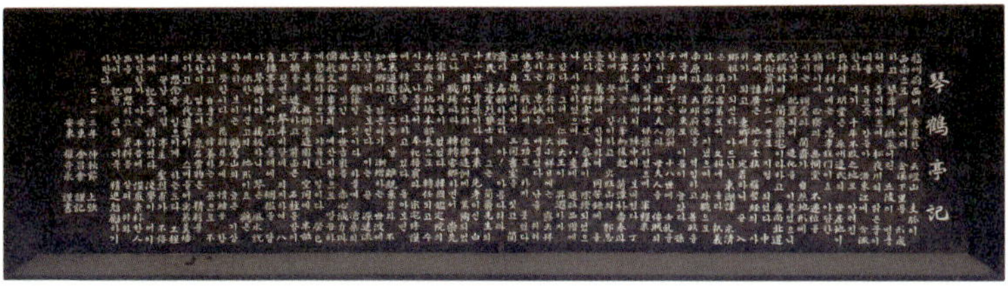

「금학정기」

동강洛東江에 합류合流한다. 여기 천년불패지지千年不敗之地로 알려진 간곤艮坤의 명당明堂은 원주변씨原州邊氏의 세거지世居地이다. 촌구村口에는 충효정문忠孝旌門이요 아담한 정각旌閣이며 정침正寢과 무민당無憫堂 불천위不遷位를 모시는 사당祠堂과 간재簡齋가 자연지형自然地形에 알맞게 배치配置되어 조화造化를 이루었으니 통칭統稱하여 간재종택簡齋宗宅이라 하고 경상북도 민속자료 131호慶尚北道民俗資料一三一號로 지정되었다. 중세中世에 휘 광諱廣은 지방사족地方士族 권철경權哲經의 사위가 되고 처향妻鄕에 정착定着하니 곧 입향조入鄕祖가 되신다. 아드님 동호東湖 휘 영청諱永清은 계문고제溪門高弟로서 문과文科에 올라 집의執義와 상의원정尚衣院正을 지냈으며 외직外職으로 남원南原과 대구부사大邱府使를 역임하고 선정善政을 베풀어 청백리清白吏로 이름이 높았다. 손자孫子 휘 중일諱中一은 약관弱冠 18세十八歲에 임란壬亂을 당하고 조모부인祖母夫人과 모부인母夫人을 왜적倭賊의 칼날 앞에서 보호保護하였으며 군량미軍糧米 100석百石을 상주尚州의 진중陣中에 보내셨다. 정유재란丁酉再亂 때는 기봉岐峯 류복기柳復起 국담菊潭 박수춘朴壽春과 함께 뜻을 같이하고 화왕산火旺山의 곽망우당郭忘憂堂 의진義陣에 참전하여 동고록同苦錄에 올랐다. 초야한사草野寒士로 참봉參奉이 제수除授되었으나 사양하였으며 팔질八耋에 통정품계通政品階에 올랐다. 그해 인조대왕仁祖大王이 승하昇遐하자 3년간三年間 소식素食하고 대소상일大小祥日에는 노천배곡露天拜哭하는 충성忠誠을 베풀었다. 남을 위해 시혜施惠도 전란戰亂에 입공立功도 하지 못했다고 자괴自愧하면서 3간서실三間書室을 짓고 간재簡齋라 편액扁額하였다. 아! 아름다워라 검민黔民 변성렬 아사邊聖烈雅士여. 그는 간재 선생簡齋先生의 11세十一世 주손胄孫이다. 평소平素 선고先考이신 백하白下 휘 용대공諱用大公의 유아봉훈儒雅逢訓에 훈도薰陶되었으나 직장職場 따라 전전객향轉轉客鄉하면서 숭선치가崇先治家의 겨를이 없었다. 한국감정원韓國鑑定院 대구경북지역본부장大邱慶北地域本部長으로 전임轉任되고 수시로 나들면서 봉사접빈奉祀接賓과 종택수호宗宅修護에 정성精誠을 다하고 있다. 돌아보면 세쇠도원世衰道遠한 오늘날 이친기묘離親棄墓와 부지선향不知先鄉의 젊은이가 점증漸增하는 세파世波에 한결 더 돋보인다. 이는 곧 원원류장源遠流長의 여

항공 촬영한 간재종택

음餘蔭일 것이다. 하물며 창상滄桑의 풍우風雨에 씻긴 10세 고가十世古家를 적심성력赤心誠力과 유교문화사업儒教文化事業의 예산지원으로 말끔하게 정비整備하였으니 갸륵한 일이다. 계사년癸巳年 봄에 무민당봉원無悶堂逢園의 공간空間에 반묘방당半畝方塘을 조성造成하고 전면前面은 석주石柱 동발이요 뒷면은 금고琴皐 비탈에 의지하여 팔각누정八角樓亭을 세우고 둘레에 난함欄檻을 달아 금학琴鶴이라 게판揭板하니 금琴은 풍수설風水說에 의依한 거문고의 지형地形이요 학鶴은 아득히 보이는 학가산鶴駕山의 높은 기상을 뜻함이다. 화조월석花朝月夕에 정서情緒를 함양하고 자신自身을 수양修養하는 곳으로 부족不足함이 없으며 천석운물泉石雲物은 정채精彩를 더하고 선대유분先代遺芬이 스며들어 우모갱장寓慕羹墻의 상념想念을 일으키게 하는도다. 공정

▲ 사랑채와 별당인 무민당

▼ 무민당

무민당 현판

工程이 끝날 무렵 정주亭主 성렬보聖烈甫가 불녕不佞에게 기문記文을 청請하였다. 천학淺學이 어이 감당할까마는 평석平昔에 근엄소박謹嚴素朴한 인품人品을 회상回想하고 자료資料를 살펴 위와 같이 기記를 쓴다. 더욱 정진면려精進勉勵하기 바란다.

2013년二0一三年 중추절仲秋節 상현上弦
안동安東 김창회金昌會 근기謹記
안동安東 권기영權奇永 근서謹書

간재종택은 홍살문을 통과하여 금학정을 지나면, 골의 맨 아래쪽에 남서향으로 자리 잡고 있다. 종택은 정침과 대문, 별당으로 이루어져 있는데, 정침은 ㅁ자형으로 앞줄에 중문간채와 사랑채가 길게 자리 잡고 있고, 그 뒤로 안채와 양 날개채가 안마당을 에워싸고 있다. 안채는 '일一'자형으로, 정면 3칸, 측면 2칸의 넓은 안대청을 중심으로 좌측에 안방, 우측에 상방을 두었다. 안채와 연결된 좌익사에는 부엌과 고방을, 우익사에는 부엌과 사랑마루와 연결되는 책방을 배치했다. 즉 정침과 이 정침 앞마당 좌우에 각기 일一자형 대문과 별당인 무민당無憫堂이 일곽을 이루고 있다.

사랑채 앞면 왼쪽에 자리 잡은 별당 무민당은 정면 3칸, 옆면 1칸의 홑처마 팔작지붕집이다. 당호인 무민無憫은 무민無悶과 같다. 이 말은 『주역』 건괘乾卦 문언文言의, "은둔하되 근심하지 않으며, 인정받지 못하여도 고민하지 않는다. 태평한 세상에는 나아가 도를 행하고 근심스런 세상에는 물러난다.[遯世無悶 不見是而無悶 樂則行之 憂則違之]"에서 나온 것이다. 이 무민당은 1763년에 창건하였고 1949년에 중수하였다. 무민당 주련柱聯에는 이 종택에서 가훈으로 삼는 구절이 걸려 있다.

한가로이 지내니 자연스레 일이 간단해져,	閒處自然隨事簡
아침 내내 말없이 청산만 바라본다네.	終朝無語對青山

재물은 쓰면 다함이 있지만,	寶貨用之有盡
충효는 누려도 끝이 없다네.	忠孝享之無窮

앞의 두 구절은 간재가 지은 「간재에 붙임[題簡齋]」이라는 시에서 가져온 것이다. 시 전문을 들어 보면 다음과 같다.

사랑채

그윽하고 고요한 당 작은 시내 굽어 흘러, 一堂幽寂小溪灣
비로소 인생살이 늙어 한가해짐을 깨달아. 始覺人生老去閒
한가로이 지내니 자연스레 일 간단해져, 閒處自然隨事簡
아침 내내 말없이 청산靑山만 바라본다네. 終朝無語對靑山

뒤의 두 구절은 『명심보감明心寶鑑』에서 따왔다. 욕심 없이 한가롭게 지내면서 재물을 탐하지 말고, 충효에 전념하리라는 간재 집안의 정신을 함축하고 있다.

사랑채는 막돌허튼층쌓기 기단 위에 세워진 건물로, 난간을

들어열개문과 걸쇠가 남아 있는 안채

두른 누마루와 뒷면에 반 칸의 퇴를 내어 벽장으로 사용하는 2칸통의 사랑방, 정측면이 각각 1칸 반인 사랑마루 등으로 구성된다. 사랑마당에서 볼 때, 정면의 오른쪽에 위치하고 있으며 ㅁ자형의 평면에서 반 칸 앞으로 나와 있다. 주목할 부분은 덤벙주초 위에 올려진 기둥이다. 정면 전체의 기둥과 오른쪽 옆면 한 군데는 두리기둥을, 나머지는 네모기둥을 세웠다. 이처럼 기둥의 모양새를 달리한 것은 '천원지방天圓地方'이라는 동양의 우주관에 따른 것이다.

안채는 정면 3칸, 측면 2칸의 대청을 중심으로 좌측에는 뒷면

안채

사당과 정자로 갈 수 있는 후문(담장이 중간에 끊어져 있다. 이는 점점 높아지는 언덕을 이용한 자연스러운 형태의 전통적 담장 축조 방식으로, 상징적 경계의 의미를 지닌다.)

에 반 칸 퇴를 내어 2칸 반통을 사용하는 안방, 우측에는 2칸통인 안사랑방이 있다. 그리고 안방과 면하고 있는 좌익사는 부엌 1칸, 고방 1칸이 배치되어 있으며 고방과 면하고 있는 중문간채는 뒷방 1칸과 곡식을 보관하는 뒤주인 반 칸의 고방이 있다. 또 안사랑방과 면하는 우익사는 부엌 1칸과 사랑채의 사랑마루와 면하는 1칸의 책방으로 되어 있다.

종택 뒤에는 정면 3칸, 측면 1칸이며 맞배지붕에 홑처마인 사당이 있다. 사당은 종택이 건립된 1763년경에 건립되었다고 한다. 150여 년 전에 중수하였고, 최근에 다시 대대적으로 중수하

사당

항공 촬영한 사당

였다. 사당은 종가와는 다른 품격을 갖추고 있다. 종가의 벽에는 거의 대부분 흰색 회칠이 되어 있다. 따라서 종가에서는 고풍스러운 색감을 많이 느끼기가 어려웠던 것이 사실이다. 그러나 사당의 벽은 흙 색깔을 그대로 드러내고 있다. 사당의 벽이 갖추고 있는 흐릿한 황토의 색감은 기름칠이 된 듯한 검은 색조의 목재와 어울려 착 가라앉은 분위기를 연출한다.

간재종가의
건축물

3 간재簡齋

안동시 서후면 금계리에 위치한 간재簡齋 또는 간재정簡齋亭은 정면 3칸, 측면 1칸 반 규모의 일자형 집이다. 가운데 1칸 대청을 놓고 좌우에 1칸씩 온돌방을 두었다. 간재정의 기단은 막돌허튼층으로 쌓았는데, 다소 높은 편이다. 정자 앞면 반 칸에는 누마루를 꾸미고 난간을 둘렀으며, 양쪽 난간 끝에는 누마루로 올라서는 출입구를 만들어 두었다. 16세기 후반 간재가 강학을 위해 지은 집으로, 1934년에 지은 중수기가 남아 있다. 변중일은 금계金溪 동편 언덕에 초당을 얽고 거처하면서 간재簡齋라 편액扁額하였다. 변중일이 지은 「간재기簡齋記」를 보면 다음과 같다.

항공 촬영한 간재

천등산天燈山에서 남쪽으로 몇 리를 가면 금계琴溪가 있고, 금계의 물줄기는 낙동강으로 흘러드니 금계 지역은 산수의 아름다움을 겸하여 가지고 있다. 금계 동쪽의 산은 우묵하게 파여 그윽하니, 내가 이곳에 작은 집을 짓고 '간簡'이라 편액을 걸었다.

일찍이 군자의 도는 중도中道로 가고 한쪽으로 치우치지 않으며, 중도는 성덕成德이 아니면 할 수 없으나 치우치면 지향하는 사람이 미칠 수 있다고 들었다. 나는 감히 성덕자가 할 수 있는 것을 바라지 않지만 또한 지향이 없는 사람도 아니다. 비록 그렇지만 내가 간簡에서 뜻을 취한 까닭이 어찌 중中을 버리고 치우침에서 취한 것이겠는가?

나의 재주는 하급이고 뜻도 게을러 이미 백성들에게 은택을 주도록 세상

간재(본채를 받치고 있는 기단은 누하주에서 50cm 정도 안으로 들여 쌓았는데, 앞 기단보다 20cm 정도 더 높게 한 것을 볼 수 있다.)

「간재기」

을 다스리지 못했고, 왜구가 한 나라를 어지럽혀 병들게 했는데도 몸을 일으켜 책임을 지고 수치와 분노를 씻어 내지 못했다. 내 장차 어찌 세상에 뜻을 두겠는가? 이로 말미암아 자취를 거두어 몸을 숨기고 그 뜻을 담아 나의 집에 이름을 붙였다.

지붕을 떠로 하고 기와로 하지 않은 것은 거처함의 간단함이요, 담을 흙으로 바르고 진사로 하지 않은 것은 제도의 간단함이다. 책상에는 거문고 한 벌과 책 한 질이 있어 그 즐거움이 번잡하지 않고 내 정신을 기쁘게 하며, 연못에는 연 몇 뿌리가 있고 버드나무 몇 그루가 있어 그 사물이 많지 않아 나의 시선을 즐겁게 한다. 이것이 모두 내가 간簡에서 취한 것이다.

예禮는 번다하고 꾸미는 것이 간단하고 질박함만 못하고, 일은 번다하고 갖추는 것이 간단하고 생략함만 못하며, 말은 번잡하고 공교로운 것이 간단하고 졸렬함만 못하다. 간은 중中에 미치지 못하지만, 또한 진실로 나의 도를 해치지는 않는다. 내 장차 나의 삶을 간으로 즐길 것이다. 그러나 나 또한 어찌 지나치게 간단하겠는가? 한쪽으로 치우치지 않고 중도로 가는 것을 기약할 뿐이다. 중궁仲弓이 "공경함에 처하며 행동은 간단하게 한다."라고 말하니, 우리 공자께서 옳다고 하셨다. 이것을 가문으로 삼는다.

간재의 9대손 변석흠邊錫欽이 「간재중수기簡齋重修記」를 지었다. 그 내용을 보면 다음과 같다.

이곳은 건원릉참봉健元陵參奉을 지낸 변공(변중일)이 강학한 집으로, 세월이 많이 흘러 부서진 지 오래되었다. 아! 공의 충효와 큰 절개는 국가에서 표창하였고 사림士林에서 숭배하고 있으니, 어찌 집의 흥폐를 기다려 드러내고 숨김을 두겠는가? 그러나 지금 저택은 터만 남았고 나라에서 지어 주자는 뜻을 감히 스스로 드러낼 수 없었으니, 의론이 이루어진 것은 이곳이다.

갑술년 봄에 공의 9대손 석찬錫瓚과 석하錫夏 등이 공의 옛터에 세 칸 집

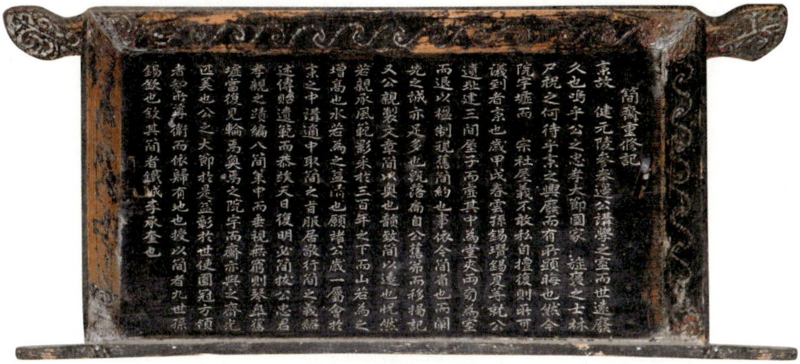

「간재중수기」

을 지어, 가운데는 비워 마루로 하고 양쪽은 방으로 만들었으며 기둥을 줄여 옛것에 비해 간략하게 하였다. 일이 간소하고 생략되기는 했지만 조상을 밝혀 주는 정성은 또한 많았다. 낙성한 후에 편액을 공의 옛집에서 가져와 걸었고, 기문記文 또한 공이 직접 지은 것이다. 문장이 간략하고 심오하며 운치가 간략하고 깊어, 마치 300년 뒤에 가르침을 직접 받는 듯하고 산이 그로 인해 더 높아지고 물도 더 맑아진 듯하였다.

여러 분들이 1년에 한 번 이곳에 모여 중도를 행하고 간단함을 취한 뜻을 강론하고, 공경함에 처하며 행동은 간단하게 하는 뜻을 실천하기를 바란다. 남겨진 가르침을 이어받아 전하며 하늘의 해가 다시 밝아지기를 기다리면, 임금께 충성하고 부모께 효도한 공의 자취는 반드시 가려 뽑혀 역사서에 편입되고 무궁하게 드리워질 것이다. 이렇다면 금고琴皐의 옛터에서는 다시 우뚝 솟은 집을 보게 될 것이고, 간재簡齋 또한 함께 아름다움을 발할 것이다.

여기에서 공의 위대한 절개가 세상에 더욱 밝게 드러나 둥근 갓과 네모난 옷깃을 입은 사람들이 존경하여 지킬 줄 알아 귀의할 것이다.

간簡을 전해 준 사람은 9대손 석흠錫欽이고, 이를 서술한 사람은 철성鐵城 이승규李承奎이다.

누마루로 올라가는 출입구(앞면 반 칸에 누마루를 꾸미고 난간을 둘렀고, 양쪽 난간 끝에 출입구를 만들어 놓았다.)

간재종가의
건축물

4 정충효각

간재종택에서 전방으로 50미터를 가면 길목 왼쪽에 정충효각旌忠孝閣이 있다. 건물의 형태는 정면 1칸, 측면 1칸의 맞배지붕이다. 이 정충효각은 1686년 숙종의 어명으로, 간재의 충효를 기려 나라에서 건립한 것이다. 1874년에 중수하였다.

간재簡齋의 충효 행적이 알려지자 나라에서는 그 공적을 기리고자 정문을 내렸다. 김방걸金邦杰이 지은 「충효변공정문서忠孝邊公旌門序」를 보면 다음과 같다.

> 공의 휘는 중일中一이요 자는 가순可純이며 호는 간재簡齋이다. 본관이 원주原州로, 고려삼중대광문하찬성사 부원군 휘 안렬安烈이 공의 9대조이고

정충효각

정충효각 현판

정충효각 내부

상의원정 휘 영청永淸의 손자이며 성균생원 휘 경장慶長의 둘째 아들이다.

성품이 지극히 효성스러워 글공부를 시작할 때 가장 먼저 『효경』을 배우겠다고 청하였다. 나이 겨우 열여덟에 임진왜란이 일어나 온 집안사람들이 산속으로 숨었는데 이때 할머니 이씨李氏의 나이가 여든이 넘었다. 여름에 할머니께서 이질痢疾이 걸려 정신이 혼미하고 숨이 끊어지려 하였다. 공이 할머니를 간호하면서 그 곁을 떠나지 않았는데, 갑자기 왜병이 들이닥쳐 포성이 크게 울리니 집안사람들이 놀라고 당황하여 어찌할 줄을 몰라 하였다. 공이 먼저 그의 어머니를 업어 빽빽이 우거진 삼밭 가운데 모셔 놓고 병상으로 돌아와 할머니를 업고 숨으려 하였다. 할머니 이씨가 숨이 곧 넘어갈 지경이어서 자리를 옮길 형편이 아니었다. 공은 스스로 한 번의 죽음을 자기의 분수로 알고 조금도 동요하지 않으며 부채를 부쳐 드리고 미음을

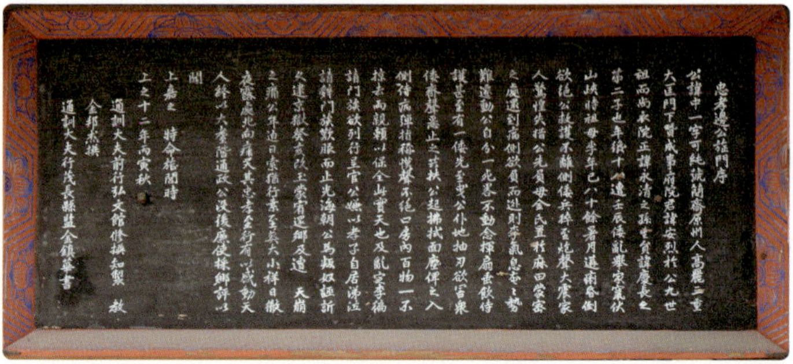

「충효변공정문서」

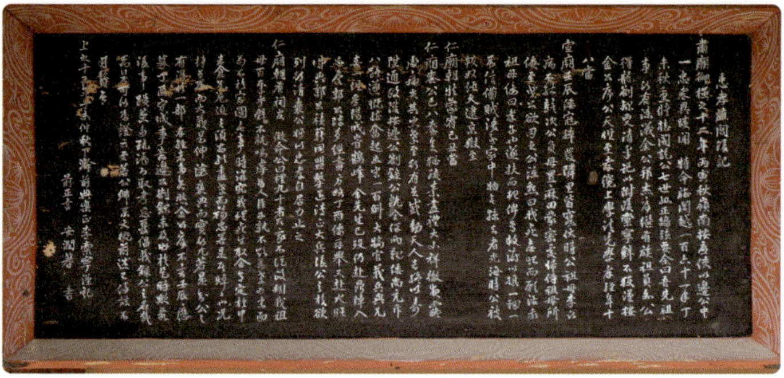

「충효정려후기」

끓여 입에 넣어 드리며 간호가 대단히 지극하였다. 한 왜병이 먼저 와 공을 끌어내 땅에 엎드려 놓고 칼로 찌르려 하자 뭇 왜병이 일제히 소리치며 말리고 함께 공을 부축하여 일으켜 얼굴의 먼지를 닦아 주면서 들어가 병간호하게 하였다. 삽시간에 칭찬하는 소리가 끊이지 않았고 방 안의 물건을 하나도 약탈해 가지 않았다. 양친이 이에 힘입어 보전되었으니 이는 참으로 하늘이 시킨 일이다.

난이 평정되자 문족門族들이 행적을 열거하여 관아에 올리려 하였으나 공은 효자로 자처하기가 싫어 울면서 사양하니 문족들이 이에 탄복하여 그만

두었다. 광해군 때는 궐노欿奴의 무고로 오랫동안 서울의 감옥에 갇혔다가 인조반정으로 특사特赦되어 고향으로 돌아왔다.

인조가 돌아가시자 공은 죽을 나이에 이르렀는데도 오히려 장례일까지 소식素食하였다. 대소상일大小祥日에는 밤새도록 길바닥에서 북쪽으로 향하여 통곡하였으니 그 충효하는 행실이 하늘과 사람을 감동시켰다. 끝내 대질大耋로 통정대부의 위계에 올랐다. 공이 돌아가신 뒤 어사御史가 향평鄕評을 채록해서 나라에 올리니, 상감上監이 이를 가상히 여기고 특명으로 정문旌門하게 하였다. 때는 금상(숙종) 12년 병인 8월 어느 날이다.

통훈대부 전행홍문관수찬 지제교 김방걸金邦杰이 짓다.

이처럼 김방걸은 간재의 효성과 충성이 둘이 아니라는 것을 잘 보여 주었다. 임진왜란 때는 조모와 모친을 안전하게 모셨다. 그리고 자신을 사면해 준 인조가 승하하자 장례날까지 상주와 같은 행동을 하였다. 이뿐만 아니라 대소상 때에도 마치 부모의 대소상을 치르듯 땅에 엎드려 통곡하였다. 이와 같은 그의 행실이 온 세상에 알려져 나라에서 정문旌門을 하사하였다.

제4장

간재 종가의 문헌

간재종가의
문헌

1 소장 문헌

간재종가에서 소장하고 있던 문헌은 189종種 344책冊으로, 현재 이 문헌들은 모두 한국국학진흥원에 기탁되어 있다. 이 가운데 고서류古書類는 185종이다. 경사자집經史子集으로 분류하면 경부經部는 9종 26책, 사부史部는 47종 76책, 자부子部는 1종 1책, 집부集部는 132종 241책으로 여타 종택과 마찬가지로 집부의 도서가 가장 많다. 판의 종류별로 보면 목판본木板本이 11종, 신연활자본新鉛活字本이 14종, 석인본石印本이 160종, 복사본複寫本이 4종이다. 목판본은 송석충宋碩忠의 『눌옹유사訥翁遺事』 1책과 김주수金疇壽의 『사가집四可集』 1책, 『퇴계선생언행록退溪先生言行錄』 1책(地)을 제외하면 나머지는 『옥편玉篇』, 『맹자언해孟子諺解』, 『서전

書傳』, 『소학언해小學諺解』, 『시전詩傳』, 『시전언해詩傳諺解』, 『시해詩解』 등의 경서류經書類이다.

활판본은 서만곤徐萬坤의 『가옹유고稼翁遺稿』(임자년), 『곡부성묘위안사실기曲阜聖廟慰安事實記』(1931), 김행성金幸姓의 『능동실기陵洞實記』(1961), 이완李完의 『요산유집樂山遺集』(1972), 이회목李會穆의 『늑당유고扐堂遺稿』(1978)와 같이 1900년대 초반부터 1970년까지 간행된 책들이다.

간재종가의 문헌은 석인본이 가장 큰 비중을 차지한다. 이 석인본은 장이섭張理燮의 『가은시첩可隱詩帖』(갑인년), 이항배李恒培의 『갈험집葛險集』(병인년) 등 주로 1910년부터 1940년 사이에 간행된 문집류이다. 석인본은 1908년 광덕서관廣德書館에서 『대가법첩大家法帖』을 인쇄한 것이 처음이며, 그 뒤 1920년대부터 1940년대까지는 곤궁한 시기에 처한 채 광복을 맞았다. 광복 이후에는 문집과 족보를 간행하면서 일부 출판사를 중심으로 명맥을 이어 오고 있다.

영인본이나 복사본은 이전에 간행된 목판본이나 다른 판본의 서적을 영인 또는 복사한 책으로, 권굉權宏의 『진봉선생일고震峯先生逸稿』(임진년) 1책과 류지柳楮의 『비당선생문집菲唐先生文集』(임자년) 1책 등 큰 비중을 차지하지 않는다.

이 가운데 『금고지琴皐誌』는 1953년에 후손들이 변영청과 그의 손자 간재簡齋 변중일邊中一(1575-1660)의 시문을 모아 3권 1책으로 간행한 것이다. 권1에는 변영청의 원집(2권 1책)을 그대로 수록

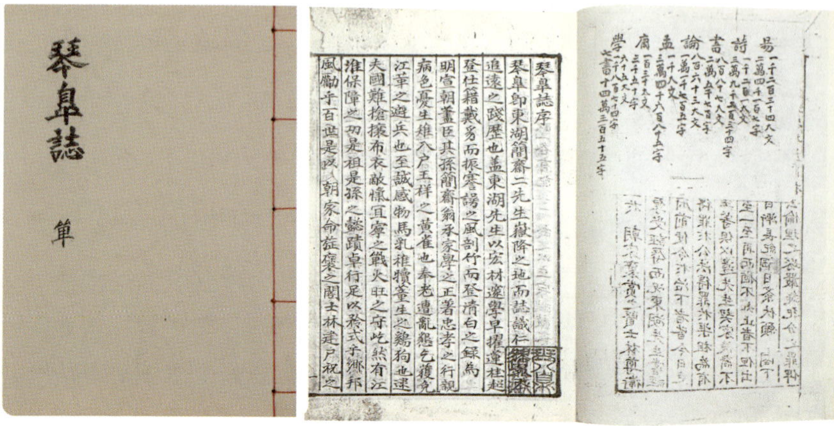

『금고지』(한국국학진흥원 제공)

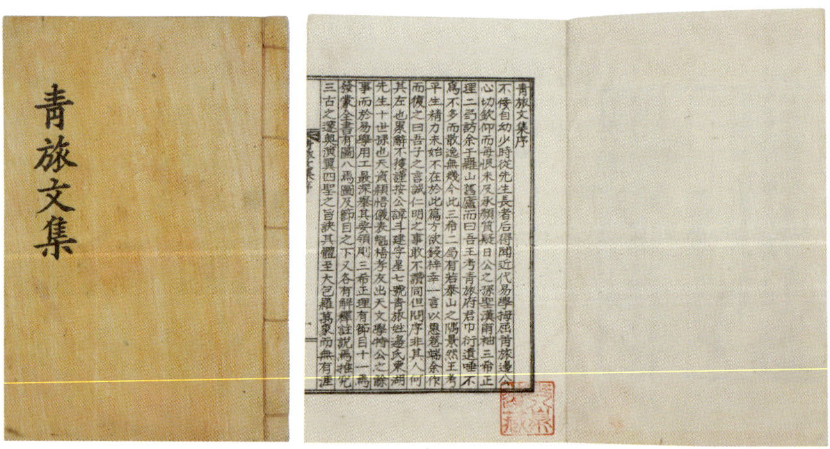

『청려문집』(한국국학진흥원 제공)

하고, 권2는 원집에 실리지 않은 시 73제 84수와 책문策問 8편, 의제疑題 7편, 독서차록讀書箚錄인 「군서초람群書抄覽」 82조항과 부록으로 동호정 관련 글을 모아 『동호선생문집 속집』이라고 이름을 붙였다. 권3은 『동호·간재 양선생 문집』이라고 이름을 붙여서, 앞에는 『동호집 속집』의 내용을 수록하고 뒤에는 변중일의 시문을 수록하였다. 그 결과 권2와 권3에 동호의 시가 중복 수록되었다.

후손의 문집 가운데는 『청려문집靑旅文集』이 있다. 이것은 청려자靑旅子 변두건邊斗建(1853~1941)의 시문집으로, 1961년에 간행된 것으로 추정되며, 3권 1책의 석인본이다. 권1에는 57편의 한시와 7편의 잠箴, 3편의 서간문, 1편의 행장行狀, 2편의 기문, 14편의 논論, 6편의 설說, 2편의 발문跋文, 45편의 잡저雜著가 수록되어 있다. 권2에는 「삼희정리三希正理」가 자서自序와 함께 수록되어 있으며, 권3에는 「발몽전서發蒙全書」가 수록되어 있다. 문집에는 문학적인 내용보다는 필자의 학문적인 역량을 알 수 있는 논설이 큰 비중을 차지하고 있는데, 이는 문집의 서문을 쓴 이만좌李晩佐가 변두건이 근대의 역학易學을 하는 선비 중에 으뜸이라고 칭송한 것과 연결된다. 특히 권2와 권3의 경우 역학易學과 성리학의 명제들을 도표와 함께 꼼꼼한 설명을 첨부하여 수록해 놓은 점이 특징적이다.

2 소장 책판류冊板類

간재종가에서 소장하던 책판류 역시 한국국학진흥원에 기탁되어 있다. 책판은 모두 2종 57장으로, 변중일邊中一의 『간재문집簡齋文集』 목판木板이 21장, 변영청邊永清의 『동호선생문집東湖先生文集』 목판이 36장이다.

『간재문집』 목판은 총 23장이 있어야 하는데 2장이 빠져서 21장이 보존되어 있다. 문집은 총 2권 1책이다. 권1은 시詩·서書·기記·제문祭文으로 구성되어 있고, 권2는 부록附錄으로 행장行狀·묘갈명병서墓碣銘幷序·묘지명병서墓誌銘幷序·행록行錄·충효정문서忠孝旌門序·정각후기旌閣後記로 구성되어 있다.

서문은 경암敬庵 이한응李漢膺이 지었고 발문은 긍암肯庵 이돈

『간재문집』 목판(한국국학진흥원 제공)

우李敦禹가 지었다. 이돈우의 발문에 따르면, 변중일의 문집 원고가 화재로 인해 모두 소실되어 버리고 약간의 시서詩書만 남아서, 후손인 변도신邊道新·변정기邊正基 등이 남아 있는 시문과 여러 사람들이 지은 장狀, 갈碣, 서序 등을 모아 편집하여 1860년(철종 11)에 목판본으로 간행하였다고 한다.

『동호선생문집』은 36장의 목판이 완질로 보존되어 있다. 문집은 총 2권 1책이다. 권1은 시詩·제문祭文으로 구성되어 있고, 권2는 부록附錄으로 행장行狀·묘갈명병서墓碣銘幷序·묘지명병서墓誌銘幷序·가장家狀·만사輓詞·반암유감盤巖有感·병자계첩丙子稧帖 등으로 구성되어 있다.

서문은 정재定齋 류치명柳致明이 썼고, 발문은 매산梅山 류후조柳厚祚가 썼다. 류후조의 발문에 따르면, 변영청의 문집 원고는 가장家藏되어 전해 오다가 집안의 화재로 전부 소실되어 남긴 글

『동호선생문집』 목판(한국국학진흥원 제공)

충효고가 편액(한국국학진흥원 제공)

의 대부분이 사라지고, 짧은 글 몇 편만 남은 것을 후손 변주건邊疇建·변용기邊鏞夔 등이 편집하여 1860년(철종 11)에 목판본으로 간행하였다고 한다. 이후 이 문집은 2018년에 한국국학진흥원에서 국역된 바 있다.

이 밖에 '충효고가忠孝古家' 편액扁額도 한국국학진흥원에 기탁되어 있다. 임란 때의 효행으로 간재에게 정려旌閭가 내려졌는데, 편액은 이 정려에서 유래한 것이다. 예서隸書로 쓰여졌으며 원래는 종택의 대청에 걸려 있어서 종택의 고풍스러운 맛을 더하였다. 그리고 임진왜란 때 일본 왜장이 변중일을 두고 "하늘이 낳은 효자"라며 징표로 준 '일본도'도 현재 한국국학진흥원에 위탁 보관되어 있다.

제5장

간재종가의 전통, 불천위 제례

1 불천위 제례

불천위 제례는 조상을 숭배하는 의식으로, 후손으로서의 의무나 책임의 범위를 넘어선다. 불천위 제례를 통해 후손은 조상의 정신을 되새기고 그를 숭앙하면서 인간으로서의 길을 되새길 수 있다. 이러한 측면에서 불천위 제례는 종가를 형성하는 하나의 바탕이라 할 수 있다. 여기서는 백운용의 「변중일 불천위 제례」(국립문화재연구소)와 2019년에 행해진 불천위 제례를 중심으로 서술하여 소개한다.

간재 변중일은 유림에서 공의하여 불천위로 모시게 되었다. 그 유래는 간재종가에 전해 오는 『금고지琴皐誌』에 기록되어 있다. 여기에 따르면, 1779년 10월 15일 체천이 끝난 간재의 신주를 땅에 묻는 조례祧禮를 하기 위해 원근에 통문을 돌렸다고 한다. 이날 280여 명의 유림이 모여 조매를 논의하다가, "간재공의 탁월한 충효행은 이미 조정에서도 은전의 포상이 있었는데, 사림에서 어찌 존모하는 정성이 없겠는가? 오늘의 자리는 조매 제사로 거행할 것이 아니라 불천위로 모시는 제례로 바꾸어야 한다." 라는 공의公議가 일어나, 불천위로 추대되게 되었다고 한다. 이에 종손과 지손들이 그 자리에 찾아가서 사양했으나, 참석한 사람들이 자손의 겸양을 들어주지 않고 공의대로 마무리 짓고 모인 사람 가운데 김응탁金應鐸을 선정하여 「가묘부조고유문家廟不祧告由文」을 짓게 하였다. 그 고유문에 "세상을 떠난 지 얼마 되지 않아 나라에서 특별히 정전을 내려 엄연한 유각이 저기 휘황하게 서 있습니다. 세상이 바뀌고 세월이 흘러 조례의 날이 다가오니 뜻 있는 선비들이 모두 모여 옛 현인을 앙모함이 더욱 새로워 이에 불천위의 예로 모실 것을 결정하였습니다. 자손들은 송구하고 두려워하면서 삼가 맑은 술과 여러 가지 안주로 제주를 바쳐 올립니다."라고 하였다. 당시 간재의 불천위 고유 행사 때 800여 명의 유림이 참석했다고 전해진다.

간재 변중일의 불천위 제일祭日은 음력으로 10월 20일이다. 배위인 동래정씨와 신천강씨의 제일은 각각 음력 2월 11일, 음력 8월 20일이다. 배위의 불천위 제례도 해마다 지내고 있다. 예전에는 입재일 새벽 1시경에 제사를 지냈으나, 현재는 파재일 저녁 9시로 바꾸어 지내고 있다. 현 종손의 부친인 10대 종손이 계셨을 때 종손은 외지에서 직장생활을 했다고 한다. 새벽 1시경에 제사를 지내다 보니 불천위 제례를 마치고 나면 날이 거의 샐 때가 되어 다음날 직장생활이 다소 불편하였다고 한다. 이런 까닭에 문중에서 제사 시간을 저녁으로 바꾸자고 건의하였다. 몇 년 동안 설득한 끝에 종손의 부친이 돌아가시기 5년 전쯤에 허락을 받아 시간을 바꾸게 되었다. 현재는 저녁 8시 30분에서 9시 사이에 제사를 모시고 있다. 이는 참석하는 제관들의 편의를 두루 고려한 것이다.

간재의 불천위 제례는 지금까지 중단된 적이 없다. 일제강점기와 한국전쟁을 겪으면서도 제례는 꾸준히 이어져 왔다. 한국전쟁 때 잠시 피난을 위해 장독에 신주를 넣고 땅에 묻어 둔 적은 있지만, 이때에도 제사는 끊어지지 않았다고 한다. 종택과 사당이 예전의 모습을 그대로 간직하고 있어 제사의 공간 역시 변함이 없다.

간재종가에서는 불천위 제사를 비롯해 4대조 기제사, 묘사 등을 지내고 있다. 차사는 사당에서 지내는데, 설에는 떡국을 올리고, 추석에는 편을 올린다. 한편 묘사는 음력 9월 마지막 일요일을 시작으로 10월에 지낸다. 동호와 간재의 시제를 비롯하여 골골마다 흩어져 있는 선조의 산소에 가서 시제를 지낸다. 12대조까지 일요일마다 시제를 지내며 10월을 보내는 것이다. 10월 첫째 주 일요일에는 묘가 남양주에 있는 윗대부터 5대조까지의 시제를 지내러 간다. 그 뒤 안동에 있는 8대조의 시제를 지낸다.

불천위 제례를 총괄하여 맡아 진행하는 주체는 문중과 종손

사당

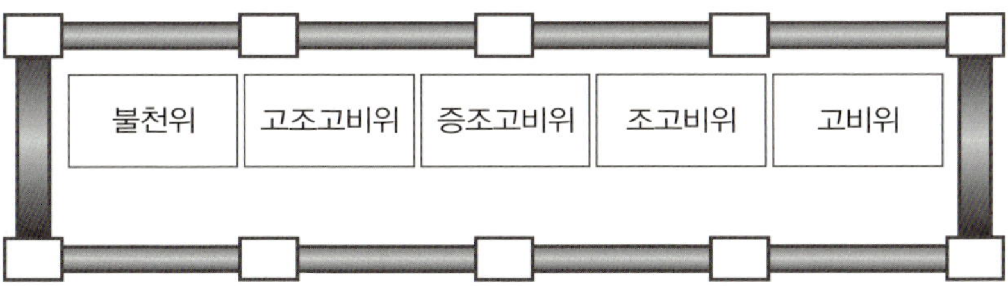

사당 내 신위 배열

인 변성렬이다. 불천위 제례가 다가오면 문중 어른과 종손이 협의하여 그해 불천위 제례의 유사를 선정한다. 문중에는 많은 단체가 있는데, 그 가운데 '본소마감(정기총회)'이라 해서 불천위 제례의 위토인 본소의 회계를 처리하는 모임이 있다. 불천위 제례에 소요되는 경비는 고위 때는 70만 원 정도이며 비위 때는 50만 원 정도인데, 대략 6,000여 평이 되는 위토에서 나오는 수익으로 제수祭需 비용을 모두 충당하고 있다. 따라서 문중 사람들에게 별도로 희사금을 걷거나 제사 기금을 적립하지는 않는다. 이 모임에서 다음해 문사門事를 집행할 유사司有 2명을 선정한다. 이들 유사는 다음 해 문사를 집행하며, 문사 중에서 불천위 제례와 시제를 준비하는 것이 가장 중요한 일이다. 종가도 여기에 협조하여 안팎의 지원을 아끼지 않으며, 문중의 후손들도 불천위 제례에 적극 참여한다. 또한 유사가 정해지면, 그 임기 동안 유사의 부인은 안유사가 되어 2년간 제수 준비 등을 돕는다. 이를 통하여 유사들의 제사에 대한 책임감이 높아지고 제사에 기여했다는 자부심이 커진다고 한다.

현재 제사에 참석하는 인원은 대략 60명이며, 이 가운데 여성 유사有司가 10여 명 있다고 한다. 외부 손님을 따로 초대하지는 않지만 세의世誼가 있으면 자발적으로 참석하기도 하고, 외손이나 유림儒林의 인사들이 제사에 참석하기도 한다. 하지만 제관祭官의 수는 예전에 비해 많이 줄어든 편이다.

불천위 제례의 주요 공간은 사당과 제청이다. 사당은 정침正寢

불천위 신주

의 동북쪽에 자리 잡고 있는데, 바깥문은 외문이며 묘우는 3문이다. 사당의 내부에는 제상을 두고 제상 앞에는 향상香床을 두었다. 신주는 교의 없이 벽감에 주독을 안치한 형태로, 불천위를 맨 왼쪽에 두고 이어서 고조고비위, 증조고비위, 조고비위, 고비위의 순으로 배치하였는데, 모두 12위이다. 간재의 신주에는 '현선조고통정대부첨지중추부사부군신주顯先祖考通政大夫僉知中樞府事府君神主'라고 종서되어 있으며, 배위에는 각각 '현선조비숙부인동래정씨신주顯先祖妣淑夫人東萊鄭氏神主', '현선조비숙부인신천강씨신주顯先祖妣淑夫人信川康氏神主'라고 종서되어 있다.

간재종가의 불천위 제례는 간재종택의 안채 대청에서 이루어진다. 대청에 병풍을 펴고 그 앞에 교의交椅를 놓는다. 제사상은 다리가 높은 상[高足床]을 사용하며, 제사상 앞에 향상을 두고 향상 위에 향로香爐와 향합香盒을 놓는다. 향상의 왼쪽에는 축판祝板을 놓고 오른쪽에는 주가를 놓는다. 향상 앞에는 모사기와 퇴주기를 놓는다. 또 제사 지내는 대청 입구에 관세위盥洗位를 마련하여 손을 씻을 수 있도록 한다. 제사상 뒤의 병풍은 「도산구곡陶山九曲」 시 등을 쓴 것으로, 선대先代부터 전해 오는 것이라 한다. 또 정침 대청에서 제례를 지내기 때문에 합문용闔門用 병풍을 하나 더 준비하여 유식례侑食禮 때 사용하고 있다.

제기는 선대부터 사용하던 놋그릇을 그대로 사용하고 있다. 예전에는 불천위 제례용 제기와 일반 제사용 제기를 구분해서 사용했으나, 현재는 함께 쓴다. 또 제기 가운데 부서지거나 구멍이 난 것이 있으면 그때그때 보충해서 갖춘다고 한다.

간재종가의 전통,
불천위 제례

2 제례의 절차

1) 집사 분정

간재의 불천위 제례에 참여하는 제관은 대략 60명이며, 대부분 문중 인사들이 참사한다. 제관들이 오는 대로 시도기를 작성하고, 이를 토대로 집사 분정執事分定을 한다. 분정 후에는 집사 분정기를 작성하여 제청에 게시한다. 집사 분정은 대체로 종손이 주도하며, 문중의 어른과 협의하여 골고루 안배되도록 한다. 초헌관은 종손이, 아헌관은 종부가, 종헌관은 연치가 높은 사람이 맡는다. 종부는 의식이 진행되는 동안 제청에서 함께 참례하며, 안유사들 역시 방에서 참례한다.

집사 분정

간재선조 기제사 시도기

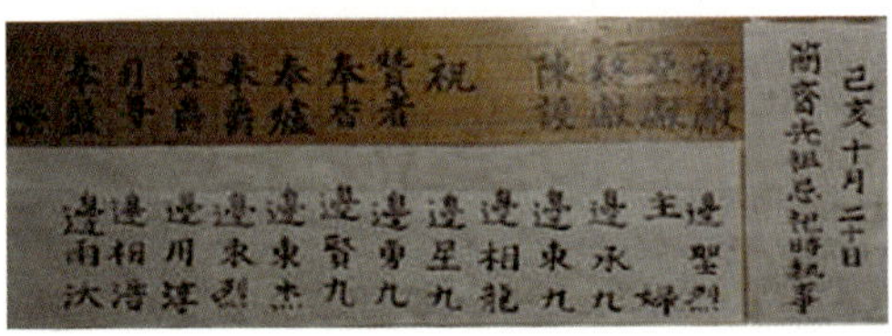

집사분정기

2) 진설

간재종가는 홀기에 따라서 설소과와 진찬을 통합하지 않고 별도로 진행한다. 식어도 크게 상관없는 과일, 포 등을 먼저 차리고, 강신례가 끝난 후에 탕, 갱, 메 등을 차린다. 과일은 시절과를 쓰되, 때에 따라 5품을 쓰기도 하고 7품을 쓰기도 한다. 제수

진설

마련에 있어서 간재의 불천위 제례에만 적용되는 금기는 따로 없다. 일반 기제사처럼 고춧가루, 후추 등 자극이 강한 양념을 사용하지 않고, 외국 과일이나 털이 있는 과일은 쓰지 않는다. 나물은 고사리, 도라지, 시금치, 무, 콩나물 등을 쓰는데, 청채인 시금치는 단독으로 담아 올린다. 탕은 육탕肉湯, 어탕魚湯, 소탕蔬湯 3탕을 쓰며, 소고기, 문어, 상어, 무, 두부를 같이 넣고 끓여서 담는다. 포는 대구포를 올린다. 적炙은 예전에는 날것을 사용했으나, 지금은 살짝 익혀서 올린다. 다만 다른 기제사 때는 모두 익혀서 바로 음복할 수 있도록 준비한다. 적틀에 명태, 돔배기, 방

제수

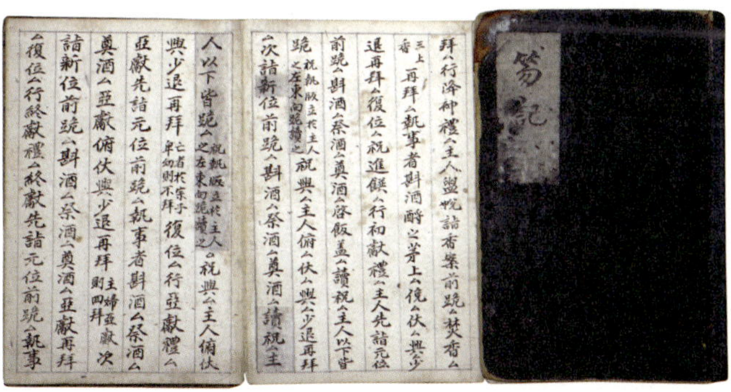

拜厶行降神禮厶主人盥帨詣香案前跪厶焚香厶
三上香再拜厶執事者斟酒酹之茅上厶俛厶伏厶興少
退再拜厶復位厶祝進饌厶行初獻禮厶主人先詣元位
前跪厶斟酒厶祭酒厶奠酒厶啓飯蓋厶讀祝厶主人以下皆
跪祝執版立於主人之左東向跪讀之祝興厶主人俯厶伏厶興厶少退再拜
厶次詣新位前跪厶斟酒厶祭酒厶奠酒厶讀祝厶主
人以下皆跪厶祝執版立於主人之左東向跪讀之厶祝興厶主人俯伏
興少退再拜亡者於宗子卑幼則不拜復位厶行亞獻禮厶
亞獻先詣元位前跪厶執事者斟酒厶祭酒厶
奠酒厶亞獻俯伏興少退再拜主婦亞獻則四拜次
詣新位前跪厶斟酒厶祭酒厶奠酒厶亞獻再拜
厶復位厶行終獻禮厶終獻先詣元位前跪厶執事

홀기

어, 문어, 소고기의 순서로 괸다. 또한 '치' 자가 들어가는 것도 올리지 않는다. 가적加炙으로는 계적鷄炙, 육적肉炙, 어적魚炙을 준비한다. 면식도 차리며, 편은 예전에는 31켜로 쌓았으나, 지금은 15켜 정도로 쌓는다. 본편으로 시루떡을 괴고, 본편 위로 부편, 인절미, 경단, 전, 조약 등을 올린다. 갱은 콩나물뭇국을 사용한다. 한편 전은 손이 많이 가고 품이 많이 들기 때문에 종손의 선친이 계실 때 문중에서 건의하여 생략하기로 했다고 한다.

간재의 불천위 제례는 홀기笏記를 사용하여 제사의 형식을 유지·계승하고 있다. 홀기첩 안에 축문과 출주고유문을 적어 놓아 고정된 형식을 지속적으로 사용하고 있다.

3) 출주

진설을 마치면 주인과 참사자 전원이 신주를 모시러 사당으로 나아간다. 봉촉捧燭 집사執事가 앞장서면 주인과 축관祝官이 그 뒤를 따른다. 사당에 이르면 감실龕室 앞에서 모두 차례대로 서서 두 번 절한다. 축관이 감실문을 열고 그 안에 있는 신주를 모시는 독[주독主櫝]의 뚜껑을 연다. 이어서 주인이 꿇어앉아 향을 피우면, 축관이 그 왼쪽에 함께 꿇어앉아 신주를 제청으로 모셔가겠다는 내용의 출주고유문出主告由文을 읽는다. 간재종가에서는 합설合設로 제사를 지내기 때문에 고비위考妣位에게 모두 알리는 형식이다.

출주

孝○○代孫 某 今以

顯先祖考 通政大夫 僉知中樞府事 府君 遠諱之辰 敢請

顯先祖考 通政大夫 僉知中樞府事 府君

顯先祖妣 淑夫人 東萊鄭氏

顯先祖妣 淑夫人 信川康氏 神主 出就正寢 恭伸追慕

효○○대손 모는 지금 현선조고 통정대부 첨지중추부사 부군의 기일에 감히 청컨대 현선조고 통정대부 첨지중추부사 부군과 현선조비 숙부인 동래정씨와 현선조비 숙부인 신천강씨 신주를 정침으로 모셔 삼가 추모하는 마음을 펴고자 합니다.

출주

출주

출주고유를 마치면 축관이 주독의 뚜껑을 다시 닫고 주독을 가슴에 받들어 모시고 나와 정침에 마련되어 있는 교의交倚에 안치한다. 사당에 들어갈 때 집사자는 동문으로 들어가고 동문으로 나오지만, 주인은 중문으로 들어가고 중문으로 나오며 신주를 받든 축관도 중문으로 나온다.

4) 참신

신주를 모셔 온 뒤 참사자들이 자리를 잡으면 축관이 주독의

참신

뚜껑을 열고 도자韜藉를 벗긴다. 이렇게 신주가 교의에 안치되면 주인을 비롯한 참사자 전원이 신주를 향하여 참신 재배를 한다.

5) 강신

참신례가 끝나면 강신례가 이어진다. 먼저 주인이 향안香案 앞으로 나아가 꿇어앉아 향을 피운다. 이어서 왼쪽에 있는 집사가 고위考位의 잔을 내려 주인에게 주고 오른쪽 집사가 여기에 술을 따른다. 주인은 이것을 받아 모사기에 붓고 잔을 왼쪽 집사에게

강신

진찬

주어 제자리에 돌려 놓게 한다. 이는 향을 피워 하늘에 있는 조상의 혼魂을 불러오고, 모사기에 술을 부어 땅에 있는 조상의 백魄을 부르는 의식이다. 이어서 주인은 신주를 향하여 두 번 절한다.

6) 진찬

이렇게 강신례를 마치면 더운 음식인 메와 갱, 탕과 적을 올리는 진찬이 이어진다. 집안에 따라 진찬을 마치고 참신 재배를 하는 경우도 있지만, 간재종가에서는 먼저 참신례參神禮와 강신례

진찬이 끝난 간재종가 진설도

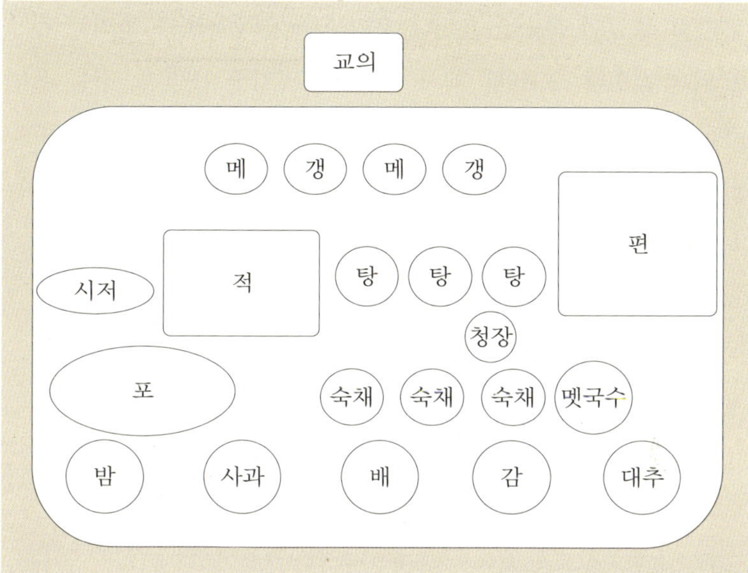

降神禮를 마친 뒤에 진찬進饌한다.

7) 초헌

진찬이 끝나고 나면, 신에게 술을 올리는 헌작獻酌 의식을 거행한다. 초헌관인 주인이 앞으로 나아가 꿇어앉으면, 집사자가 제상 위에 놓여 있던 잔반盞盤을 내려 주인에게 준다. 오른쪽에 있던 집사자가 여기에 술을 따르면, 주인은 모사기에 세 번 술을 덜어 내는 제주祭酒 없이 집사에게 주어 제상에 올리게 한다. 비위 앞에 놓인 잔반 역시 동일한 절차로 진행한다. 이어서 제상 옆에 따로 두었던 적炙을 올린다. 홀기에는 간접肝楪을 올리는 것으로 되어 있으나, 2019년 제사에서는 닭고기를 올렸다. 적을 올린 뒤에 메 뚜껑을 연다. 이어서 축관이 나아와, 기일을 맞이하여 조상께 음식을 마련하여 받드니 흠향하시라는 내용의 축문을 읽는다. 간재종가의 축문은 아래와 같다.

維歲次某干支 孝幾代孫 某 敢昭告于
顯先祖考 通政大夫 僉知中樞府事 府君
顯先祖妣 淑夫人 東萊鄭氏
顯先祖妣 淑夫人 信川康氏 歲序遷易
顯先祖考 通政大夫 僉知中樞府事 府君 諱日復臨
追遠感時 不勝永慕 謹以 清酌庶羞 恭伸奠獻 尚
饗

유세차 모 간지에 효○○대손 모가 감히 현선조고 통정대부 첨지중추부사 부군과 현선조비 숙부인 동래정씨와 현선조비 숙부인 신천강씨께 밝게 아룁니다. 해가 바뀌어서 선조고 부군의 기일이 다시 돌아옴에 시간이 지날수록 느껴 길이 사모하는 마음을 이길 수가 없습니다. 삼가 맑은 술과 여러 가지 음식으로 공경히 제사를 올리오니, 부디 흠향하시옵소서.

축문을 읽는 동안 참사자들은 부복하여 대기하며 독축을 마치면 주인은 일어나 신위를 향하여 두 번 절하고 제자리로 돌아간다. 이어서 집사자가 잔을 비우고 신주 앞에 모시면 초헌의 절

초헌 ▲

헌적 ▼

독축

차가 끝이 난다.

8) 아헌

초헌이 끝나면 아헌亞獻을 행한다. 아헌관은 주부主婦로 정해져 있는데, 제청의 왼쪽에 있다가 아헌의 순서가 되면 제상 앞으로 나아간다. 아헌도 초헌과 같은 방법으로 술을 올린다. 잔을 올린 뒤 아헌 때는 헌적으로 육적을 올리며, 소고기를 쓴다. 이어서 아헌관은 일어나 두 번 절하고 제자리로 돌아온다. 홀기에는 주부가 아헌을 할 경우 네 번 절하는 것으로 되어 있지만, 간재종가에서는 두 번 절한다. 이는 예전에 현 종손의 어머니가 살아계실 때 연로하셔서 절을 네 번 하기 어려웠던 사정으로 인해 바꾸었던 것인데, 현재는 남녀평등의 의미가 있다고 생각해서 바꾼 대로 행하고 있다.

9) 종헌

종헌의 절차 역시 아헌과 동일하다. 다만 집사자가 술을 따르면 종헌관은 이 잔에 담긴 술을 조금씩 세 차례[除爵] 나누어 덜어 내어 퇴주기에 따라 낸다는 점이 다르다. 홀기에 따르면 삼헌 모두 제주祭酒한다고 되어 있으나, 실제 행사 때는 종헌 때만 제주하고 있다. 종헌 때 헌적은 어적을 올리며, 조기를 쓴다.

▲ 아헌

▼ 헌적

종헌 ▲

헌적 ▼

10) 유식

헌작을 마치면 이어서 유식侑食을 진행한다. 유식은 신이 식사를 하도록 권하는 의식이다. 먼저 식사를 권하는 의미로 술잔에 첨작添酌한다. 홀기에 따르면, 집사자가 주전자를 들고 고비위 잔을 채운다고 되어 있다. 하지만 2019년 불천위 제례에서는 집사자들이 메 뚜껑에 술을 부어 잔에 첨작하는 방식을 취하였다. 첨작한 후에 시접기匙楪器에 놓여 있던 숟가락을 들어 메에 꽂고 젓가락은 국에 걸쳐 놓는다. 이때 숟가락은 앞부분이 동쪽으로 향하도록 하며 젓가락은 국그릇에 가지런히 올린다. 이어서 주인이 신위 앞에 나아가 두 번 절하고 준비해 두었던 별도의 병풍으로 제사상祭祀床을 가려 합문闔門한다. 보통 구식경九食頃, 곧 아홉 숟가락 뜰 정도의 시간이 지나면 축관이 헛기침 소리를 내어 신이 식사를 마쳤음을 알리고 계문한다.

11) 진다

신이 식사를 마치면 차나 숭늉을 올리는 진다進茶를 행한다. 우리나라에서도 제례의 모범으로 삼았던 『주자가례朱子家禮』는 중국의 의례였기에 차를 올렸으나, 우리나라에서는 차 대신 주로 숭늉을 올린다. 간재종가에서는 계문한 뒤에 바로 숭늉을 올리지 않고 갱기에 올려 두었던 젓가락을 편으로 옮긴다. 이어서 갱

첨작

▲ 삽시

▼ 합문

진다 ▲

국궁의 자세로 대기하는 제관들 ▼

기를 내리고 여기에 청수淸水를 받아서 올린 뒤 집사자가 밥을 말아 숭늉의 형식을 취한다. 신이 숭늉을 드실 시간 동안 제사에 참석한 사람들은 국궁鞠躬하고 대기하였다가 축관이 신호를 보내면 평신平身한다.

12) 사신

이어서 메 뚜껑을 덮고, 수저를 내려 신이 식사를 마쳤음을 알린 뒤, 축관은 주독을 닫는다. 간재종가에서는 고이성례告利成禮를 따로 행하지 않고, 사신辭神의 절차를 행한다. 모든 참사자들이 두 번 절하여 신을 전송하는 의식을 행하고 나면, 축관은 축문을 사른 뒤에 신주를 받들어 다시 사당에 안치한다.

13) 철상 · 음복

마지막으로 제상의 제수를 거두는 것으로 제사가 마무리된다. 간재종가에서는 철상할 때 메 한 그릇을 시렁 위에 올려 둔다. 이것을 상식上食이라고 한다. 예전부터 내려온 전통으로, 이렇게 해야 자손이 훌륭한 사람이 된다고 믿는다. 이어서 모든 참사자들은 제복 차림으로 모여 앉아서 음복을 하는데, 술과 탕을 먼저 음복한다. 밥은 비벼서 내지 않고 밥 위에 나물을 얹어서 제관들의 취향대로 먹을 수 있도록 준비하고 있다.

사신 ▲

(좌)분축 / (우)납주 ▼

▲ 상식

▼ 음복

제6장

간재 종가의 바람

간재종가의
바람

1 열친회와 동기간의 우애

간재종가의 11대 종손 변성렬(1960년생)은 불천위 선조가 실천하신 충효정신을 소중하게 생각한다. 특히 효를 강조하신 아버지의 가르침 덕분에 어린 시절부터 문중 어른들을 찾아뵙고 인사드리며 집안의 내력을 자연스럽게 익혔다고 한다. 그는 서른여섯에 종손이 된 후부터 지금까지 종가를 보전하기 위해 노력하고 있다. 종손은 퇴락한 종택을 보수하고 문화재로 등록했고, 종가의 제례 문화를 알리는 방송 촬영이나 고택 음악회 개최에도 적극 응하고 있다. 이런 일들도 보람되지만 종손은 집안의 전통인 '열친회熱親會'를 주관하는 것을 가장 큰 보람으로 여긴다.

종손은 "우리 집안에서는 옛날부터 여름철에 날을 잡아 가까

열친회(간재종가 제공)

운 가족은 물론 마을 어른들을 모셔서 보양 음식을 대접하는 전통이 시작된 것은 간재 선조의 남다른 효심을 기리고 이어받으려는 뜻에서 비롯된 것이 아니었나 생각한다."라고 하며, 이러한 전통을 이어 아버지 대부터 시작된 열친회를 소개해 주었다. '열친회'는 가문 화합 모임이다. '마음을 다해 친목을 도모하라'는 의미로 종손의 부친이 1994년에 돌아가시기 전에 가문 화합, 특히 형제자매 간의 우애友愛로운 전통이 사라질까 우려해 이름을 지어 주었다고 한다. 이 모임의 유래는 종손의 부친 생신(음력 7월 3일) 때 가족뿐만 아니라 주변의 퇴계종가, 학봉종가, 경당종가 등 다른 종가의 종손을 비롯한 마을 어른들을 초청해 개고기·염소고기 찜과 탕 등 여름 보양식을 대접한 데서 비롯되었다고 한다. 간재종가의 이 같은 행사는 간재 변중일의 각별한 효친孝親과 경로敬老 정신을 잇는 일이자 동기간의 우애를 다지는 소중한 모임이다. 종가에 손님들이 많이 올 때가 가장 기쁘다는 종손에게 '열친회'에 대해 좀 더 자세히 들어 보았다.

우리는 매년 8월 15일 전후에 아버지 아랫대로 해서 고종사촌들, 외사촌, 우리 형제들, 누님 아랫대들까지 한 100명 이상씩 집에 모였어요. 아버지 생신이 음력 7월 3일이고, 내가 음력 7월 4일이거든요. 그래서 아버지 생신 때 친구분들, 퇴계 종손, 학봉 종손을 비롯해 안동에 계시는 종손분들 초대하고, 문중 어른들과 함께 그때가 보통 8월 10일 전후 좀 늦으면 한 8월 15일, 20일까지 넘어가는데, 그 무렵에 여기 모여서 어른들은 어른들대로, 우리 가족들은 가족들대로, 대청마루도 가득차지요. 외손은 외손대로 교유하고 나중에 모자라면 텐트도 마당에 몇 동 치고 자는데, 그게 아버지 돌아가시고 내 대에서 내가 주관해야 되잖아요. 여름마다 지금도 계속 한 번도 안 빠지고 이어 오고 있습니다. 그래서 올해도 '8월 15일에 다 모여라' 이러는데, 마침 8월 16일이 증조부 제사라. 제사 지내고 갈 사람은 지내고 가고, 안 그러면 일찍 가고. 그때가 가족끼리 모여서 2박 3일, 애들은 애들끼리 물고기 잡고, 우리는 우리대로 저 산속 계곡에 가서 놀고, 저녁에는 둘러앉아 1년 동안 살아온 근황도 소개하고, 가족별로 다 발표하지요. 갓 결혼한 신혼부부도 각오와 포부를 발표하고, 군대 갈 애들은 자기 입장도 들어 보고, 저녁에 모여서 저녁 먹고. 그때가 1년 중에 제일 보람이지요.

현재 진행형인 열친회는 간재종가 후손들이 선조의 정신을 기억하고 윗세대의 지혜를 배우며 동기간에 우애를 다지는 교육의 장이다. 열친회의 모임으로 유명해진 간재종가의 음식은 흑염소찜과 개장국이다. 종부 주영숙(1962년생)은 음식 솜씨가 좋으셨던 시어머니를 회상하며, 어머니가 살아 계실 때는 객지에 나가 살다 보니 제대로 배우지 못했다고 아쉬워했다. 그러나 시어머니의 음식 솜씨를 물려받은 시누이들에게 종가 음식을 배울 수 있었다고 한다. 단백질 음식이 귀했던 시절 간재종가에서는 흑염소찜과 개장국을 끓여 손님들을 대접했다. 흑염소찜은 미리 삶아 놓은 염소고기를 먹기 좋은 크기로 찢어 놓고 거기에 다양한 채소와 감자가루를 섞어 쪄 내면 된다고 한다. 수육과 건진국수도 접빈 음식으로 함께 내놓았다. 종부는 처음 시집와 개장국을 준비하던 일을 들려주었다.

옛날부터 우리 손위 시누들은 음식을 굉장히 잘하세요. 집장도 항상 하시고, 여기는 열친회가 있으니까 양력 8월 15일경 한창 더울 때잖아요. 제일 더울 때고 하니까 그래서 그런지 처음에 아버님 생신 때 당연히 소고기 미역국을 생각했는데 개장국을 하더라고요. 그게 전통이었대요. 항상 개 몇 마리를 사서 온 집안분들 다 부르시고, 친구분들 부르시고, 외손자, 여동생의 손자들까지 다 불렀어요. 제가 처음 왔을 때 한 200명씩 모였어요. 그러다 나중에 100여 명으로 줄고 했는데, 기본적으로 2박 3일 놀다 가셨어요. 저는 젊은 새댁이 좀 그렇잖아요. 땀 뻘뻘 흘리고 몇 날 며칠 장 보고 일하고 하는데, 선뜻 입에 못 대는 음식이었는데, 다들 너무 잘 드시고, 어릴 때부터 드셔서 그런지 여자분들도 굉장히 좋아하시더라고요. 다들 그것 때문에 여름에 먹으러 온다고. 우리가 잘 모르고 어리니까 시누이분들이 음식을 다 하셨는데, 음식이 진짜 맛있어요. 그래서 여름 되면 행사 때 항상 그 음식을 하지요.

이처럼 종가의 음식은 일가와 이웃 간의 친목을 도모하고, 동기간에 우애를 다져 준 소중한 먹거리였다. 지금도 나누고 배려하며 숭조돈목崇祖敦睦의 정신을 실천하고 있는 종손 부부는 '열친회'의 전통이 아들 대에도 계속 이어져 문중과 집안이 화합하기를 소망한다.

간재종가의
바람

2 종손의 삶과 바람

어느 종손이건 종손 노릇 하기는 힘들다. 그러나 간재의 11대 종손인 변성렬은 이에 대하여 전혀 내색하지 않는다. 종손으로 살아오면서 어려웠던 점을 물으니, 크게 힘들거나 고생스럽다는 생각은 해 본 적이 없다고 이야기한다.

서른여섯 살에 내가 종손이 되어서 길사 지내고 집안일을 맡았으니까 안 할 수가 없었어요. 대신 아쉬웠던 점은 아버지가 팔십일곱에 돌아가셨는데 조금만 내가 더 모시면서 같이 살면서 문화도 배우고 어른들이 살아오셨던 가풍을 배웠으면 좋았는데, 내가 준비가 덜 된 때 돌아가시는 바람에 고향 와서 모시고 있었어도 많은 걸 배웠을 건데, 그때 내가 참 후회를 많이 하고, '안동에 몇 년 더 일찍 올걸.' 이런 생각을 많이 했어요.

종손 변성렬

그의 부친은 전형적인 안동의 선비였다. 젊었을 때는 대구에 살면서 공무원도 하였지만 6·25동란 이후 고향인 안동 금계리로 돌아오셨다 한다. 그의 할아버지가 1968년도에 돌아가셨는데 그의 아버지는 평생토록 부모 공양하고 종손으로 꼿꼿이 사셨다 한다. 아버지는 안동뿐만 아니라 전국적으로 유림과 교류가 많았다고 한다. 평생을 봉제사奉祭祀 접빈객接賓客에 애쓰셨고, 현조 사업에 몰두하셨던 아버지는 대쪽 같은 선비셨다고 종손은 회상한다. '욕심내지 말고, 남에게 폐 끼치지 말라.'고 하셨던 아버지는 집안의 어려운 일가를 보살피는 일에 솔선하셨다고 한다.

전형적인 선비, 대쪽 같은 선비셨지요. 삐딱하거나 도덕적이 아니거나 이러면 절대로 용서하지 않으시고, 오시면 늘 서예하시고 또 책 읽으시고, 옛날 선비로 사셨지요.

(평소에 해 주신 말씀 중에 기억나시는 게 있으신지요?) 욕심을 내지 마라. 남에게 폐를 끼치지 마라. 말 그대로 도덕적 성인들이 살아온 그런 삶을 살라는 당부를 많이 하셨지요. 경박하거나 남을 속이거나 이런 거는 일절 안 하시고, 집안에 어려운 집이 있거나 힘든 일이 있거나 부모가 일찍 돌아가신 애들, 집이 가난한 애들은 집에 데리고 와서 키웠어요. 정 여기서 못 크는 애들은 고아원에서 학교를 가면 방학 때는 집에 불러서 방학하는 날부터 개학하는 날까지 여기서 우리하고 같이 자고. 참 집안을 위해 고생을 많이 하셨지요. 우리 남매들이 11남맨데도, 외손자들, 그다음에 고모 네 분의 외손자들도 여기 와서 컸어요. 어릴 때. 방학 때가 되면 어머니가 고생이 참 많으셨지요. 식구들이 한 열댓 명씩 스무 명씩 되니까 매일 아침 점심 저녁 밥 해 주느라 힘드셨지요.

종손의 어머니는 안동김씨로 봉화에서 시집와서 종가의 가정경제를 책임지며 일가들을 보살피고, 봉제사 접빈객에 전념하였다고 한다. 종부 주영숙은 음식 솜씨 좋으셨던 시어머니를 회상하며, 제사 음식뿐만 아니라 무말랭이, 된장, 김치, 집장, 수수부꾸미, 칼국수, 건진국수, 보신탕 등 시어머니가 만드신 음식을 모두 좋아했다고 전한다.

부모님 덕분에 화목한 종가 문화 속에서 자유롭게 성장한 종손은 일찍 대구로 유학을 갔다. 학창 시절을 대구에서 보낸 종손은 방학 때 종가에 오면 아버지가 항상 집안 어른들에게 인사드리고 오라고 시킨 것이 종손 교육이었다고 회상한다.

대부분 비슷비슷한데 우리 집 사상이 제일 큰 게 충이고 효잖아요. 효에 대해서는 강조를 많이 하셨지요. 교훈도 그런 내용들이 많고. 집에서 나갈 때는 꼭 얼굴을 보여서 '다녀오겠습니다.' 인사를 드리고 들어오면 꼭 문안을 드렸지요.[出必告, 反必面] 방학 때도 집에 오면 꼭 집안 문중 어르신께 골골마다 다 다니면서 절드리고 문안인사하고 오라고 아버지가 시킵니다. 그러면 내가 쭉 한 바퀴를 돌지요. 할매, 아재, 할배 댁에 돌면서 문중 어른들께 가서 인사를 하고. 그게 지금 생각하니까 옛날 어른들이 그걸 잘 시켰구나 생각돼요. 그래야 집안을 다 알고 아랫대들 내력을 다 알 텐데, 도시에만 있다가 이렇게 왔다 갔다 하는 애들은 지금 자기 집안 식구들, 일가친척들이 누군지도 몰라요. 그 아랫대가 누군지도 몰라. 나는 그런 걸 어릴 때 배웠으니까 다 알지요. 그 집 내력부터 시작해서 그 집 아랫대가 나보다 나이가 훨씬 많더라도 누구누구 있다는 걸 아니까 지금도 문중 모임 때 편하지요. 문중회의 때도 어려서부터 참석하여 말씀을 경청하고 방학 때 집에 오면 한학과 서예 공부를 했습니다. 이렇게 배운 것이 나의 직장 생활과 사회생활에 큰 힘이 되었던 것 같습니다.

이러한 경로효친 정신은 그의 윗대 시조始祖인 변안렬, 변영청, 변중일에서부터 내려온 전통을 계승한 것이다. 이러한 유풍遺風이 종손의 역할뿐만 아니라 사회생활이나 직장생활에 큰 힘이 되었다고 한다. 종손은 한국감정원에서 최고위직을 역임하고, 2018년에 퇴직하였다. 퇴직 후 영종회嶺宗會 간부로 활동하며, 다른 문중의 학술대회나 고유제, 서원 향사 등의 행사에 적극 참여하고 있다. 그는 종가 문화가 계속 이어지기 위해서는 문중 사람들의 단합이 가장 중요하다고 하였다. 다행히 간재종가는 '열친회熱親會'라는 아름다운 전통을 이어가고 있고, 불천위 제례 때도 유사 제도가 잘 운영되고 있어 종손으로서 보람을 느낀다고 하였다.

문중 행사는 1년에 한 번씩 경로 행사가 있고, 요즘은 리·동별로 마을 행사가 있으니까, 여기 금학정 정자에서 어버이날 무렵에 우리 문중에 연세 많으신 안어른 사랑어른 칠팔십 명 모여서 여름 보양식 하고. 나가서 건강하시라고 인사하고.

다만 제례 문화와 관련해서는 변화가 필요하다고 생각한다. 단순히 제사에 올리는 음식만 간소하게 하자는 것이 아니라, 제사를 문중 종원들의 즐거운 행사로 만들 필요가 있다는 것이다. 종손은 조상에 대한 마음을 가득 담아 간소하고 정갈하게 제수를 마련하고, 그날 모인 종원들이 반갑게 이야기할 수 있는 날로 만들고 계승되었으면 좋겠다는 생각을 가지고 있다.

제사를 될 수 있으면 음식을 간소화하려고 많이 노력합니다. 우리도 옛날에는 편(떡)을 30켜 정도 쌓았어요. 높이를 한 1미터 정도 쌓고, 땅콩도 다 괴고, 밤도 하나하나 플 다 발라서 괴고, 사과도 네다섯 단씩 이렇게 했는데, 아버지 계실 때부터 간소하고 정갈하게 하라고 문중 유사들한테 부탁을 해서 조금씩 줄여서 내려왔어요. 그래서 요즘 편(떡)도 15켜 정도, 반으로 줄인 거지요. 제물도 쓸 거만 쓰고, 자꾸 바꾸어야 돼요. 옛날에는 제사가 엄숙하고 경건하고 조상에 대한 예를 지키는 그거였는데, 지금은 문중 종원들이 모여서 제사 모시고 나서 문중 행사에서 있었던 일이나 가족사 이야기하고, 이 행사가 하나의 축제 형식으로 좋고 기쁜 날로 자꾸 만들어야지, 제사를 힘들고 하기 싫은 일을 의무적으로 한다 이렇게 생각해 버리면 끝이 없지요. 그래서 나는 제사 지내러 사람들이 오면 만나서 반갑고, 그 사람들 와서 좋고 이런 기분으로 지내다 보니 제사가 힘들다는 생각은 젊을 때부터 안 했어요.

숭조돈목을 실천하는 종손이기에 그런 모습을 보고 자란 차종손次宗孫에게 달리 집안일을 가르칠 필요가 없을 것 같다. 종손은 연년생으로 아들 둘을 두었다. 현재 직장을 다니는 두 아들들에게 종손은 불천위 제례 때나 시제 때 꼭 참석하라고 한다. 아들들도 자연스럽게 종가 문화를 배우며 성장해 예의도 바르고 종손의 뜻에 잘 따라 준다고 한다.

아들도 불천위와 4대 봉사 지내야 된다는 거는 서서히 철이 들어 가면서 깨닫게 되겠지요. 앞으로 종가의 대를 이어 가야 되니까 거기에 대한 각오는 다 하고 있고. 이런 문화는 어릴 때 다 가르쳤지요. 간재 할아버지에 대해서, 시조 할아버지, 동호 할아버지, 불천위 행사 때와 시제 때 아들 둘은 꼭 참석합니다. 내가 또 부르지요. 이런 거 배우는 게 중요하니까, 빠짐없이 참석하라 합니다. 아들들이 잘 따라 하고 있습니다.

제사 때는 당연히 앞으로 이 제사를 모셔야 되는지 알고 있고, 거기에 대해 거부하거나 그런 거는 없고. '이 문화를 잘 간직해 나가라.' 그러지요. 일찍부터 보면서 배우고 실천하는 것이 가장 중요한 부분이라고 생각하고 있습니다.

종손은 아직 미혼인 차종손이 젊은 시절에는 직장생활에 충실하고, 오십이 넘으면 종가를 위해 애써 주기를 바란다. 아직 차종손을 결혼시키지 못해 고민이라는 종손은 이다음에 며느리가 잘 들어와서 종가의 전통문화를 잘 이어 가 주기를 소망한다.

간재종가의
바람

3 종부의 삶과 바람

종손을 묵묵히 내조하는 종부 주영숙(1962년생)은 제사가 많은 맏집에서 성장하였다. 울진이 고향인 종부는 고등학교 선생님이셨던 아버지와 '남에게 많이 베풀고, 형제간에 우애 있게 지내라.'는 어머니의 가르침을 받았다. 친정어머니가 종가로 시집가는 것을 반대하였지만, 종손을 만나 보고서는 결혼을 허락하였다고 한다. 종부는 결혼 후 겪은 재미있는 일화를 들려주기도 하였다.

처음 결혼해서 한복 입고 여기 들어오니까, 그때는 집에 들어올 때 큰 박을 놓고 부숴야 좋다고 그러대요. 그거 좀 놀랐고, 한상을 차렸는데 너무 크게 차려서 정말 그림의 떡이었지. 저 멀리 있는 거는 먹지를 못 했어

종부 주영숙

요. 한복 입고 막 먹을 수도 없고, 배는 고프지만 그냥 앞에 있는 거만 몇 개 먹다 보니까, 메밀묵이 앞에 있어가 제가 메밀묵을 많이 먹었거든요. 먹기도 쉽고 하니까. 그래서 제가 메밀묵 엄청 좋아하는 걸로 소문이 났어요. (하하) 그렇게 큰 상을 받은 게 기억이 납니다.

시아버지의 사랑을 많이 받았다는 종부는 시부모님이 우애를 많이 강조하셨다고 전한다. 시집와서는 편찮으신 시어머니를 대신해 손위 시누이들이 많이 가르쳐 줘서 큰 어려움 없이 종가의 예법이나 음식 문화를 배울 수 있었다고 한다. 특히 간재종가는 불천위 제례 때 유사들이 제사 준비를 도와주기 때문에 한결 수

월하다고 한다. 그러면서 종가의 제례 문화가 계승되기 위해서는 변화가 필요하다고 하였다.

저는 아직 그렇게 힘들지는 않았는데, 제사라는 게 혼자 하면 너무 힘들어요. 저희는 그래서 지인이나 시내 계신 분들은 전화하면 또 오세요. 오면 밥 한 끼 드시고 제사 같이 모시고 가시고. 제 생각은 그래요. 4대 봉사도 좋기는 한데, 양대 봉사가 제가 지내 본 견지에서는 맞는 거 같아요. 왜냐하면 너무 일 년에 열 몇 번을 지내야 되니까 그게 사실은 부담스럽거든요. 경제적으로도 그렇고.

(기제사 때는 혼자 준비하시려면 시간도 많이 걸리겠습니다.) 예, 제사를 혼자 준비하려면 2박 3일은 노력해야 되지요. 청소 미리 다 해 놓고, 장도 다 봐야 되고.

(제물 같은 경우에 기제사는 그래도 좀 간소하게 지내시지요?) 간소하게 지내도 양이 적어졌다는 것뿐이지, 하는 대로 그대로 다 지내는데, 양이 줄어드니까 굉장히 좋더라고요. 왜냐하면 일이 반으로 줄어드니까요. 그래서 양대 봉사가 맞는 거 같아요. 왜냐하면 요즘은 아들만 대학 보내는 시대도 아니고, 딸이나 아들이나 다름없이 키우는데, 다들 대학 졸업해 가지고 집에만 있기에는 아까운 인재들이고 하니까, 거의 맞벌이잖아요. 그러니까 맞벌이한테는 양대 봉사가 맞는 거 같아요.

옛날과 달리 지금은 간재종가의 일가들이 서울에 많이 살고 있어서 서울에 일가 며느리와 딸들의 계모임이 만들어져 한 달에 한 번씩 모여 우의를 다지고 있다고 한다. 이 계모임을 통해 1~2년에 한 번씩 함께 해외여행을 다니며 즐거운 시간을 보내기도 했고, 요즘은 종손이 캠핑카를 마련해 국내여행을 다니며 여유롭게 지낸다고 한다. 종부를 많이 생각해 주고 부지런한 종손 덕분에 큰 어려움 없이 종부 역할을 해 왔다고 한다. 종부의 가장 큰 보람은 제사를 유지해 지금까지 잘 이어 왔고, 아들들이 건강하고 예의 바르게 잘 자라 준 것이라 한다.

그래도 종가의 큰 원칙이 봉제사 접빈객이라고, 제사 잘 유지해 가지고 지금까지 지냈고, 조금 힘들기는 하지만 막상 제삿날이 되면 그런 생각은 전혀 없고요. 우리 결혼할 때만 해도 남아선호사상이 강했고, 워낙 딸들이 많은 집안이라서 그런 걱정이 있었는데, 저는 신기하게도 꼭 아들을 낳아야 한다는 스트레스는 없었어요. 그래 편안하게 낳았더니 아들이고 해서 그런 걱정은 덜었어요. 그래서 애들이 일단 고맙지요. 첫아들 낳고 나니까 집안에서 전부 '차종부가 큰일 했다.' 그러고 '이제는 걱정할 게 없다.' 그러니까 저는 그런 생각이 전혀 없는데, 주위 분들이 그렇게 말씀하시니까 '아, 그래도 내가 큰일을 했구나.' 그런 생각을 했어요. 그리고 반듯하게 잘 커 주어서 이제 다 직장 잡고, 애들이 가르치지 않아도 어릴 때부터 인사를 잘해서 동네에서 소문이 날 정도로 하루에 네다섯 번 봐도 볼 때마다 인사하고. 그런 거는 애들이 저절로 종가 문화에서 보고 자라선지 잘하더라고요. 애들이 건강하게 잘 크고, 집이 별 탈 없이 지금까지 잘 이어져 왔다는 게 큰 보람이지요.

종부는 현재 '종가음식문화보존회' 사원으로 활동하고 있다. 2018년 5월에 종부들이 모여 종가의 음식 문화를 지키자는 목적으로 사단법인을 만들었다고 한다. 이 모임은 종부들이 돌아가면서 자신이 할 수 있는 집안 내림음식이나 보존하고 싶은 음식을 만들어서, 시식하고 품평하고 사진으로 남기고, 만드는 방법을 공유하는 방식으로 모임을 꾸려 가고 있다. 다른 종가의 문화와 음식을 배울 수 있는 모임이라 도움이 된다고 한다. 앞으로 종부는 이런 종가 문화를 낯설어하지 않는 며느리를 맞고 싶다고 한다. 그러면서도 며느리가 시대에 맞게 종가 문화를 이어가 주기를 바란다.

이 종가라는 게 누구에게나 익숙한 문화가 아닌 거 같아요. 그리고 요즘 20대는 제사 세 번도 너무 많다고 그러고, 명절 때마다 해외로 나가는 집안들도 많고, 이제 앞으로는 이 전통문화가 유지되기가 점점 힘들어질 것 같은데, 그런 걸 그나마 할 줄 아는 처자면 좋겠어요. 그리고 종가는 아니더라도 안동에 살면 안동에 종가들이 워낙 많으니까 그런 데에 관심도 있고 어릴 때부터 보고 듣고 그러니까 경북권이었으면 좋겠어요. 그리고 사는 거는 너무 얽매이지 말고, 형식에도 너무 치우치지 말고, 해 보면 사실 힘들어요. 그나마 저희는 사랑(종손)에서 직장도 다니고 여유도 있고, 제사 지내고 힘들고 해도 1~2년에 한 번씩 여행도 나가고 하니까 그게 풀리고 했는데, 제사만 너무 힘들다고 하지 말고, 하고 싶은 것도 해 가면서 간소하게 시대에 맞게 줄면 주는 대로 그 당시에 최선을 다했으면 좋겠어요.

종부는 지금까지 종손의 뜻에 잘 따라 준 아들이 좋은 배필을 만나 너무 부담 갖지 말고 재밌게 살면서 가문의 전통을 유지하기를 바라고 있다. 이는 전통과 현대가 서로 엇갈리는 시점에서 종부가 바라는 소박한 희망이다.

부록

간재종가 소장 문헌

간재종가 소장 문헌
姜驥元, 『五山亭詩集』, 임신년, 1책, 석인본
康基浩, 『西湖遺稿』, 기사년, 1책, 석인본
康相漢, 『晩耕齋遺稿』, 갑진년, 1책, 석인본
『景庵世稿』(安東金氏世稿), 임진년, 1책, 석인본
高應陟, 『杜谷集』, 병인년, 5책(권1–5), 석인본
『曲阜聖廟慰安事實記』, 1931, 1책, 활판본
『國望峰志』, 1972, 1책, 활판본
權宏, 『震峯先生逸稿』, 임진년, 1책, 복사본
權得鍾, 『農窩遺集』, 병진년, 1책, 석인본
權搏 等, 『枝止世稿』, 갑자년, 2책(乾·坤), 석인본
權秉夔, 『石塢文集』, 5책(권1–5), 활판본
權秉鎭, 『杜菴遺稿』, 1988, 2책(乾·坤), 석인본
權思溥, 『菊軒遺稿』, 2책(乾·坤), 석인본
權相八, 『洛隱亭誌』, 黃馬臘望, 1책, 석인본
權錫璘, 『晩喜堂集』, 2책(乾·坤), 석인본
權永夔, 『松广文集』, 계묘년, 1책, 석인본
權輗, 『磨厓先生文集』, 1990, 1책, 석인본
權迪, 『鳩谷集』, 1942, 2책(乾·坤), 석인본
權正鎰, 『晩林文稿』, 2책(天·地), 석인본
權翰模, 『錘山集』, 3책, 석인본
權翰成, 『肯播齋文集』, 병진년, 2책(乾·坤), 석인본
權希仁, 『參巖遺集』, 무오년, 1책, 석인본
權○, 『默窩集』, 정사년, 1책, 석인본
『琴皐誌』, 갑자년, 1책, 복사본
金九城, 『守分窩實紀』, 병진년, 1책, 석인본
金奎五, 『鶴下遺稿』, 계유년, 1책, 석인본
金驥燦, 『東郭遺稿』, 1976, 2책(乾·坤), 석인본
金道鉉, 『碧山文集』, 2책(乾·坤), 석인본
金坽, 『溪巖文集』, 임자년, 1책, 석인본
金夢洙, 『懼齋文集』, 무신년 1월, 1책, 석인본

간재종가 소장 문헌
金柄文,『逸雲亭實紀』, 을묘년, 2책(乾·坤), 석인본
金秉文,『鶴天文集』, 1972, 3책(天·地·人), 석인본
金秉宗,『秀山集』, 5책(仁·義·禮·智·信), 석인본
金秉兌,『慕川文稿』, 1987, 1책, 석인본
金是瓚,『一一齋文集』, 임자년, 3책, 석인본
金彦璣,『惟一齋先生實紀』, 1988, 1책, 석인본
金延祖,『廣麓集』, 기미년, 1책, 석인본
金泳起,『松浦散錄』, 임신년, 1책, 석인본
金英烈,『孟巖先生文集』, 을유년, 1책, 석인본
金用石,『潭庵實紀』, 1963, 1책, 석인본
金龍燦,『耕讀齋集』, 계유년, 1책, 석인본
金鱗壽,『校村世稿』, 1976, 1책, 석인본
金章煥,『南皐遺稿』, 을축년, 1책, 석인본
金鍾一,『我泉逸稿』, 1972, 2책, 석인본
金疇壽,『四可集』, 정유년, 1책, 목판본
金柱雲,『校前逸稿』, 1976, 1책, 석인본
金柱震 等,『學雲世稿』, 2책(乾·坤), 석인본
金重漢,『永慕亭詩集』, 정사년強圉大荒落, 1책, 인본
金鎭龜,『素隱文集』, 2책(乾·坤), 석인본
金昌詩,『玄沙文集』, 임자년, 4책(卷1-4), 석인본
『金海金氏文愍公卞正綠』, 1970, 1책, 석인본
金幸姓,『陵洞實記』, 1961, 1책, 활판본
金浩潤,『華軒八旬詩集』, 무진년, 1책, 석인본
金璜周,『藥山遺稿』, 무신년, 1책, 석인본
『金孝子實紀』, 上鷄流頭節, 1책, 석인본
金煦,『陶庵詩稿』, 을사년, 1책, 석인본
『洛陰遺稿』, 경자년, 1책(乾), 석인본
南悳鎭,『四而齋遺稿』, 임인년 동짓날黑虎南至日, 1책, 석인본
『覽勝錄』, 1965, 1책, 석인본
南致亨,『養眞堂逸稿』, 을사년, 1책, 석인본
『老友會詩集』, 1986, 1책, 복사본
『丹陽禹氏世系卞正錄』, 임자년, 1책, 석인본
『待闡錄』, 1934, 1책, 활판본

간재종가 소장 문헌
『道南齋重建詩集』, 1976, 1책, 석인본
『童子禮』, 을묘년, 1책, 석인본
柳泳熙, 『農圃文集』, 갑진년, 2책(乾·坤), 석인본
柳膺睦, 『鶴山文集』, 정사년, 6책, 석인본
柳義男, 『芝谷逸稿』, 1책, 석인본
柳楮, 『乖厓先生文集』, 임자년, 1책, 복사본
柳後章, 『主一齋集』, 갑인년, 3책, 석인본
『孟子諺解』, 3책(권1·4·6), 목판본
『俛宇集』, 1책, 활판본
『文巖先生文集』, 경술년, 13책(卷1-11, 附錄/續集), 활판본
朴球, 『遯翁先生實紀』, 병인년, 1책, 석인본
朴訥生 等, 『院理世藁』, 을축년, 1책, 석인본
朴大濮, 『沈江亭文稿』, 무신년, 1책, 석인본
朴道絢, 『杏山遺稿』, 을묘년, 2책(乾·坤), 석인본
朴潤東, 『不知翁遺稿』, 병오년, 1책, 석인본
朴仁燦, 『茶山文集』, 병오년柔兆敦牂, 2책(乾·坤), 석인본
朴在錫, 『耳山集』, 엄무閹茂, 1책, 석인본
朴台均, 『耕稼軒實記』, 병진년, 1책, 석인본
朴漢均, 『落落夏寒堂詩藁』, 을묘년, 1책, 석인본
朴○鎮, 『蒼皐文集』, 1982, 2책(乾·坤), 활판본
裵穆周, 『天樵遺稿』, 을축년, 1책, 석인본
裵三益, 『臨淵齋朝天錄』, 1책, 석인본
裵永周, 『戇菴集』, 기사년, 2책(乾·坤), 석인본
『白愚』, 을묘년, 1책, 석인본
邊斗建, 『青旅文集』, 계축년, 1책, 석인본
邊振鐸, 『龜隱遺稿』, 著雍澄灘, 1책, 석인본
邊德粹, 『謹庵遺稿』, 계축년, 1책, 석인본
邊台均, 『勉窩文集』, 계축년, 3책(권1-3), 석인본
邊熙準, 『慕亭逸稿』, 계축년, 1책, 석인본
『常變輯略』, 1973, 1책, 석인본
徐萬坤, 『稼翁遺稿』, 1책, 활판본
『書傳』, 9책(권1-10, 권6 결缺), 목판본
『小學諺解』, 1책, 목판본

간재종가 소장 문헌
孫基永, 『晩忍軒遺稿』, 무오년, 1책, 석인본
宋大鎬, 『眉山逸稿』, 무진년, 1책, 석인본
宋東相, 『松竹軒實紀』, 1989, 1책, 석인본
宋碩忠, 『訥翁遺事』, 계유년, 1책, 목판본
宋樀, 『晩隱文集』, 1책, 석인본
松坡河氏, 『河孝婦行錄』, 무신년, 1책, 석인본
『詩傳』, 6책(권1-6), 목판본
『詩傳諺解』, 2책(권3, 7), 목판본
『詩解』, 1책, 목판본
申基勳, 『恒齋晩歸歷程』, 1986, 1책, 석인본
辛乃沃, 『洛陽世稿』, 정유년, 2책(乾·坤), 석인본
辛承禧, 『鶴皓遺稿』, 신해년, 1책, 석인본
申遇浩, 『泗南文集』, 병자년, 2책(乾·坤), 석인본
申翼浩, 『古山文集』, 경술년, 3책(天·地·人), 석인본
申鉉德, 『龍隱逸稿』, 기미년, 2책, 석인본
沈東燮, 『月塢遺稿』, 을묘년, 1책, 석인본
安東張氏, 『貞夫人安東張氏實紀』, 갑진년, 1책, 석인본
呂孝思, 『月潭先生文集』, 임술년, 3책(乾·坤, 附錄), 석인본
『烈婦傳』, 기미년, 1책, 석인본
『永嘉詩集』, 계해년, 1책, 석인본
『永佳亭誌』, 정묘년, 2책, 석인본
『嶺南文苑錄』, 1972, 18책(총목록, 권1-17), 활판본
英陽南氏, 『貞源實紀』, 갑인년, 1책, 석인본
英陽千氏, 『千氏孝烈實紀』, 1981, 1책, 석인본
吳致雲, 『梅軒實錄』, 임술년, 1책, 석인본
『玉篇』, 2책(상·하), 목판본
『龍蛇世講錄』, 1924, 3책(卷1-3), 활판본
『原州邊氏世譜』, 25책, 목판본(15)·활판본(10)
『遊金剛山錄』, 1938, 1책, 석인본
劉秉憲, 『晩松遺稿』, 2책(乾·坤), 석인본
劉秉憲, 『崇義齋詩帖』, 무신년, 1책, 석인본
李範雨, 『小溪遺稿』, 1989, 1책, 석인본
李尙璣, 『墨窩遺集』, 임자년, 1책, 석인본

간재종가 소장 문헌
李相采, 『守拙齋集』, 을사년, 2책(乾·坤), 석인본
李相行, 『月下遺稿』, 2책(乾·坤), 석인본
李蓍秀, 『慕亭集』, 임인년, 6책(권1-6), 석인본
李樣 等, 『楮庄兩世遺稿』, 신해년, 1책, 석인본
李完, 『樂山遺集』, 1972, 1책, 활판본
李芸, 『芝山實紀』, 신축년, 1책, 석인본
李源台, 『圓臺遺集』, 을묘년, 1책, 석인본
李宜植, 『雲潭文集』, 1책, 석인본
李宗準 等, 『慵齋訥齋兩先生文集』, 갑신년, 1책, 석인본
李昌葉, 『闡孝錄』, 무술년, 1책, 석인본
李楦, 『尚古齋文集』, 기유년, 1책, 석인본
李恒培, 『葛陰集』, 병인년, 2책(乾·坤), 석인본
李顯儒, 『菊溪遺集』, 임자년, 1책, 석인본
李亨晉, 『無名翁遺稿』, 1989, 1책, 석인본
李會穆, 『扐堂遺稿』, 1978, 2책(乾·坤), 활판본
李會春, 『曙山文集』, 1979, 3책(天·地·人), 석인본
『仁浦亭詩稿』, 병진년, 1책, 석인본
『一愚精舍』, 갑자년, 1책, 석인본
『一軒唱酬錄』, 갑인년, 1책, 석인본
林奎鎬, 『鳳棲金玉帖』, 1책, 석인본
『紫山唱酬錄』, 경술년, 1책, 석인본
張景栻, 『惺窩文集』, 2책(乾·坤), 석인본
張謹, 『德滿亭詩稿』, 임술년, 1책, 석인본
張理燮, 『可隱詩帖』, 갑인년, 1책, 석인본
張麟燮, 『一軒文集』, 3책(天·地·人), 석인본
『篆書詩選』, 1938, 1책, 석인본
鄭柱義, 『玄圃世稿』, 1990, 1책, 석인본
『節孝公實記』, 을묘년, 1책, 석인본
鄭瑗, 『 晩松遺稿』, 1983, 1책, 석인본
鄭重岱, 『卑窩集』, 신미년, 2책(乾·坤), 석인본
鄭之雄, 『月亭詩集』, 청우靑牛○월 하한下澣, 1책, 석인본
趙以興 等, 『樊川世稿』, 기미년, 1책, 석인본
『竹溪聯芳稿』, 계묘년, 1책, 석인본

간재종가 소장 문헌
池龍鎭, 『漁隱遺稿』, 1책, 석인본
池淨仕, 『友松亭實紀』, 을유년, 1책, 석인본
千萬里, 『思庵實紀』, 1959, 2책(乾·坤), 석인본
『淸遠亭詩稿安氏辨訂錄』, 계묘년, 1책, 석인본
崔湖, 『慶州崔氏忠元公實紀』, 1987, 1책, 석인본
『翠松亭詩集』, 무진년, 1책, 석인본
卓基業, 『芳谷實紀』, 병신년, 석인본
『太師張公事蹟辨誣錄』, 기유년, 1책, 석인본
『退溪先生言行錄』, 1책(地), 목판본
『瓢陰集』, 1책(乾), 석인본
河相八, 『鳳隱遺稿』, 병인년, 1책, 석인본
河星海, 『桃原集』, 1책, 석인본
河緯地, 『丹溪先生實紀』, 신미년, 2책(乾·坤), 석인본
河準海, 『嚴乎齋逸稿』, 경오년, 1책, 석인본
『鶴麓精舍唱酬錄』, 1990, 1책, 석인본
『漢詩白日場詩集』, 1983, 1책, 석인본
咸安趙氏, 『孝烈慈實錄』, 1989, 1책, 석인본
許蔿, 『旺山文集』, 임술년, 1책, 석인본
許楨, 『碧笑軒遺稿』, 경술년, 1책, 석인본
洪在敏, 『東溪實紀』, 갑자년, 1책, 석인본
『黃原州邊氏文獻錄』, 1988, 11책, 석인본
黃應淸, 『大海文集』, 을묘년, 1책, 석인본
黃漢成, 『取適軒遺稿』, 계축년, 1책, 석인본
『孝婦順天金氏孝行錄』, 을축년, 1책, 석인본
『孝烈婦金氏行録』, 을사년, 1책, 석인본
『後樂齋晬筵韻集』, 신해년, 1책, 석인본

참고문헌

邊安烈, 『大隱實記』

邊永淸, 『東湖集』

邊永淸, 『東湖續集』

邊中一, 『簡齋集』(木版本)

변효영, 『原州邊氏僉樞公派松河公宗會世譜』, 대보사, 2008.

『原州邊氏大同譜文獻錄』

『原州邊氏東湖公派譜』

具鳳齡, 『栢潭集』(『韓國文集叢刊』 39)

權好文, 『松巖別集』, 한국국학진흥원 소장.

權好文, 『松巖續集』(『韓國文集叢刊』 41)

『金溪志』

『琴皐誌』

吉　再, 『冶隱先生言行續集』

金邦杰, 『芝村集』(『韓國文集叢刊』 36)

金應祖, 『鶴沙集』(『韓國文集叢刊』 91)

柳景深, 『龜村集』, 한국국학진흥원 소장.

柳致明, 『定齋集』

『永嘉誌』

『龍蛇倡義錄』

洪汝河, 『木齋集』(『韓國文集叢刊』 124)

朝鮮王朝實錄(http: //sillok.history.go.kr)

『경북마을지』, 경상북도·경북향토사연구협의회, 1992.
『국역 영가지』, 안동군, 1991.
서주석, 『안동문화산책』, 이화문화출판사, 2001.
송지향, 『안동향토지』, 대성문화사, 1983.
안동대학교 안동문화연구소, 『안동금계마을—천년불패의 땅』, 예문서원, 2000.
『안동의 지명유래』, 안동민속박물관, 2002.

姜銓燮, 「傳邊安烈의 「不屈歌」 贋作論」, 『어문연구』 12, 어문연구학회, 1983.
권진호, 「東湖 邊永淸의 삶과 시세계」, 『안동청년유도회 창립 30주년 기념 학술 강연회: 16세기 안동지역의 문학과 학문 '花山三傑'을 중심으로』, 안동청년유도회, 2017.
백운용, 「변중일 불천위 제례」, 국립문화재연구소, 2013.
이은희, 「大隱 邊安烈의 生涯와 詩文學 硏究」, 동국대학교 교육대학원 석사학위논문, 2009.
이종호, 「『동호선생문집』 해제」, 『퇴계학자료총서』 2, 안동대학교 퇴계학연구소, 1992.
전성건, 「동호 변영청의 애민정신과 병자계첩」, 『퇴계학파의 사람들—16세기 인물들을 중심으로』, 예문서원, 2017.

지은이

이구의 李九義

경북 의성義城에서 태어났다. 영남대학교 국어국문학과를 졸업하고 동 대학원에서 박사학위를 받았다. 상주대학교 교양교직과 부교수를 거쳐 현재 경북대학교 한문학과 교수로 재직하고 있다. 지금까지 120여 편의 논문과 40여 권의 저서 및 역서를 집필하였다. 이 가운데 저서 6권, 역서 2권은 단독으로 지은 것이며 나머지는 공동작이다. 저서 중 『고려조한시연구』는 문화관광부, 『신라한문학연구』와 『최고운문학연구』는 대한민국학술원 우수학술도서로 선정되었다.

경북의 종가문화 60

충효 속에
핀 꽃,

안동 간재 변중일 종가

찍은 날 2020년 3월 25일
펴낸 날 2020년 3월 31일

기획 경상북도·경북대학교 영남문화연구원
지은이 이구의
펴낸이 김상동
펴낸 곳 경북대학교출판부
출판등록 1973년 10월 10일 ㉣97호
주소 대구광역시 북구 대학로 80
전화 053-950-6741~3
팩스 053-953-4692
이메일 press@knu.ac.kr
홈페이지 http://knupress.com

ISBN 978-89-7180-539-8 94900
978-89-7180-534-3 (세트)

정가는 뒤표지에 있습니다. 파본은 바꾸어 드립니다.